김병렬 부동산공시법령

열공시의 비밀노트

등기법

김병렬 편저

박문각 공인중개사

박문각

이 책의 머리말

2026년도 공인중개사 자격시험을 대비하여 열심히 공부하고 계신 수험생 여러분, 반갑습니다. 이제는 수험가에서 조금은 익숙한 이름이 되어 버린 열공시의 비밀노트를 2026년도 대비 수정·보완하여 출간하게 되어 감사한 마음입니다.

2026 부동산공시법령 비밀노트는 다음과 같은 점에 중점을 두었습니다.

01 형식이나 순서에 얽매이지 않고 반복을 줄여 직관적으로 구성하며 가장 얇은 교재로 만든다.

02 학습용 등기기록과 지적공부의 견본을 최대한 활용하여 초보자들이 필요 이상의 어려운 용어에 실망하지 않도록 한다.

03 자주 출제되지 않음에도 그 득점을 위해서는 지나치게 많은 노력이 필요한 경우라면 과감하게 생략한다.

04 최근 기출문제 위주로 구성하되 기출문제의 원문에 얽매이지 않고 가장 효과적인 변형을 통하여 최소한의 노력으로 공부할 수 있도록 한다.

05 2022, 2023, 2024, 2025년 기출문제에서 높은 적중률을 확인한 만큼 2026년도에도 본 교재와 특강을 적절히 소화하면 부동산공시법령 과목만은 합격점을 받을 수 있도록 한다.

한 번에 이해가 가지 않는 내용이 있더라도 절대 실망은 금물입니다. 반복의 기적을 믿으시고 남은 기간 꾸준히 반복하여 공부하신다면, 분명 좋은 결과가 있으실 겁니다.

이 교재와 공시법령에 관한 질문은 열공시 밴드(https://band.us/@gongseekim)로 문의하여 주시면 힘이 닿는 한 최선을 다해 답변 드리겠습니다.

여러분의 건강과 합격을 기원합니다.

2026년 3월

편저자 김병렬

CONTENTS

이 책의 차례

PART
02

지적법

🏠 토지등기기록(토지 1등기기록)

[토지] 충청북도 영동군 매곡면 어촌리 산 123-2　　　　고유번호 1515-0000-000000

[표제부]		(토지의 표시)			
표시번호	접수	소재지번	지목	면적	등기원인 및 기타사항
1	1997년 6월 5일	충청북도 영동군 매곡면 어촌리 산 123-2	임야	3948m^2	

[갑구]			(소유권에 관한 사항)		
순위번호	등기목적	접수	등기원인	권리자 및 기타사항	
1	소유권보존	1970년 7월 7일 제3867호		소유자　김철수　서울 은평구 응암동 ####	
2	소유권이전	2018년 11월 2일 제11616호	2018년 11월 1일 증여	소유자　김정환 0902**-*******　경기도 김포시 김포대로926번길 ######	

[을구]			(소유권 외의 권리에 관한 사항)		
순위번호	등기목적	접수	등기원인	권리자 및 기타사항	
1	저당권설정	2019년 8월 10일 제98765호	2019년 8월 5일 설정계약	채권액　금 10,000,000원 채무자　김병렬　경기도 김포시 김포대로 ### 저당권자 충북농업협동조합 124436-****** 충청북도 영동군 ####	

* 위 견본은 실제 양식과 차이가 있을 수 있으며, 학습목적으로 가공된 것으로서 모두 실제 내용이 아닙니다.

소유권(일부)이전등기신청

접수	년 월 일 제 호	처리인	등기관 확인	각종 통지

부동산의 표시(거래신고관리번호/거래가액)

충청북도 영동군 매곡면 어촌리 산 123 − 2 임야 $3948m^2$

거래신고관리번호 :   거래가액 :

등기원인과 그 연월일	2018년 11월 1일 증여
등기의 목적	소유권(일부) 이전
이전할 지분	

구분	성명 (상호 · 명칭)	주민등록번호 (등기용 등록번호)	주소(소재지)	지분 (개인별)
등기의무자	김철수	430728 − *******	서울 은평구 응암동 123	
등기권리자	김정환	090325 − *******	경기도 김포시 김포대로 926번길 46 701동 801호	

* 위 견본은 실제 양식과 차이가 있을 수 있으며, 학습목적으로 가공된 것으로서 모두 실제 내용이 아닙니다.

등기필정보 및 등기완료통지

권 리 자 :	김정환
(주민)등록번호 :	090325-*******
주 소 :	경기도 김포시 김포대로 926번길
부동산고유번호 :	1515-0000-000000
부 동 산 소 재 :	충청북도 영동군 매곡면 어촌리 산123-2
접 수 일 자 :	2018년 11월 2일 접 수 번 호 : 11616
등 기 목 적 :	(소유권이전)
등기원인및일자 :	2018년 11월 1일 증여

부착기준선

(일련번호) : WTDI-UPRV-P6H1

(비밀번호) (기재순서 : 순번-비밀번호)

01-7952	11-7072	21-2009	31-8842	41-3168
02-5790	12-7320	22-5102	32-1924	42-7064
03-1568	13-9724	23-1903	33-1690	43-4443
04-8861	14-8752	24-5554	34-3155	44-6994
05-1205	15-8608	25-7023	35-9695	45-2263
06-8893	16-5164	26-3856	36-6031	46-2140
07-5311	17-1538	27-2339	37-8569	47-3151
08-3481	18-3188	28-8119	38-9800	48-5318
09-7450	19-7312	29-1505	39-6977	49-1314
10-1176	20-1396	30-3488	40-6557	50-6459

○○○○ 년 ○월 ○○일

청주지방법원 영동지원 등기계 등기관

※ **등기필정보 사용방법 및 주의사항**

◈ 보안스티커 안에는 다음 번 등기신청시에 필요한 일련번호와 50개의 비밀번호가 기재되어 있습니다.

◈ 등기신청시 보안스티커를 떼어내고 일련번호와 비밀번호 1개를 임의로 선택하여 해당 순번과 함께 신청서에 기재하면 종래의 등기필증을 첨부한 것과 동일한 효력이 있으며, 등기필정보 및 등기완료 통지서면 자체를 첨부하는 것이 아님에 유의하시기 바랍니다.

◈ 따라서 등기신청시 등기필정보 및 등기완료통지서면을 거래상대방이나 대리인에게 줄 필요가 없고, 대리인에게 위임한 경우에는 일련번호와 비밀번호 50개 중 1개와 해당 순번만 알려주시면 됩니다.

☞ 등기필정보 및 등기완료통지서는 종래의 등기필증을 대신하여 발행된 것으로 분실시 재발급되지 아니하니 보관에 각별히 유의하시기 바랍니다.

* 위 견본은 실제 양식과 차이가 있을 수 있으며, 학습목적으로 가공된 것으로서 모두 실제 내용이 아닙니다.

<table>
<tr><td colspan="5" align="center">저당권설정등기신청</td></tr>
<tr><td rowspan="2">접수</td><td>년   월   일</td><td rowspan="2">처리인</td><td>등기관 확인</td><td>각종 통지</td></tr>
<tr><td>제   호</td><td></td><td></td></tr>
<tr><td colspan="5" align="center">부동산의 표시</td></tr>
<tr><td colspan="5" height="300"></td></tr>
<tr><td colspan="2">등기원인과 그 연월일</td><td colspan="3">년   월   일   저당권설정계약</td></tr>
<tr><td colspan="2" align="center">등기의 목적</td><td colspan="3">저당권설정</td></tr>
<tr><td colspan="2" align="center">채권액</td><td colspan="3">금   원</td></tr>
<tr><td colspan="2" align="center">변제기</td><td colspan="3">년   월   일</td></tr>
<tr><td colspan="2" align="center">이자</td><td colspan="3"></td></tr>
<tr><td colspan="2" align="center">이자지급시기</td><td colspan="3"></td></tr>
<tr><td colspan="2" align="center">채무자</td><td colspan="3"></td></tr>
<tr><td colspan="2" align="center">설정할 지분</td><td colspan="3"></td></tr>
<tr><td>구분</td><td align="center">성명
(상호·명칭)</td><td align="center">주민등록번호
(등기용 등록번호)</td><td colspan="2" align="center">주소(소재지)</td></tr>
<tr><td>등기의무자</td><td></td><td></td><td colspan="2"></td></tr>
<tr><td>등기권리자</td><td></td><td></td><td colspan="2"></td></tr>
</table>

* 위 견본은 실제 양식과 차이가 있을 수 있으며, 학습목적으로 가공된 것으로서 모두 실제 내용이 아닙니다.

등록면허세	금	원
지방교육세	금	원
농어촌특별세	금	원
세액합계	금	원
등기신청수수료	금	원
	납부번호 :	
국민주택채권매입금액	금	원
국민주택채권발행번호		

등기의무자의 등기필정보

부동산고유번호		
성명(명칭)	일련번호	비밀번호

첨부 서면

1. 저당권설정계약서	통	1. 주민등록표등(초)본	통
1. 등록면허세영수필확인서	통	1. 위임장	통
1. 인감증명서나 본인서명사실확인서		1. 등기신청수수료영수필확인서	통
또는 전자본인서명확인서 발급증	통	<기타>	
1. 등기필증	통		

년　　월　　일

위　신청인　　　　　　　　　　(전화 :　　　　　　　)
(또는)위 대리인　　　　　　　　(전화 :　　　　　　　)

지방법원　　　　　　　　　　　　　　등기소　귀중

– 신청서 작성요령 –

＊ 1. 부동산표시란에 2개 이상의 부동산을 기재하는 경우에는 그 부동산의 일련번호를 기
　　재하여야 합니다.
　 2. 신청인란 등 해당란에 기재할 여백이 없을 경우에는 별지를 이용합니다.

＊위 견본은 실제 양식과 차이가 있을 수 있으며, 학습목적으로 가공된 것으로서 모두 실제 내용이 아닙니다.

🏠 가처분등기 예시

[갑구]			(소유권에 관한 사항)	
순위 번호	등기목적	접수	등기원인	권리자 및 기타사항
1	소유권보존	2004년 5월 4일 제3541호		소유자 유재석
2	가처분	2012년 5월 23일 제5263호	2012년 5월 12일 서울중앙지방법원의 가처분결정 (2012 카합 200)	피보전권리 소유권이전등기청구권 채권자 박명수 681010 ******* 서울특별시 관악구 관악 대로 48 금지사항 양도, 담보권설정 기타 일체의 처분행위의 금지
3	소유권이전	2012년 6월 5일	2010년 6월 1일 매매	김구라
4	3번 소유권이전 말소	2014년 8월 17일 제###호	가처분에 의한 실효	
5	소유권이전	2014년 8월 17일 제###호	서울중앙지방법원의 확정판결	소유자 박명수
6	2번 가처분말소			가처분의 목적달성으로 인하여 2014년 8월 17일 등기
7	소유권이전	2015년 ##월 ##일	(생략)	소유자 정형돈

🏠 직권소유권보존등기

[건물] 경기도 김포시 북변동 250   고유번호 0000-0000-000000

[표제부]			(건물의 표시)	
표시 번호	접수	소재지번 및 건물번호	건물내역	등기원인 및 기타사항
1	2011년 3월 5일	경기도 김포시 북변동 250	시멘트 블록조 기와지붕 주택 1층200m^2	
2				건축법상 사용승인 받지 않은 건물임

[갑구]			(소유권에 관한 사항)	
순위 번호	등기목적	접수	등기원인	권리자 및 기타사항
1	소유권보존			소유자 김병렬 ******-******* 경기도 김포시 풍무동 100
2	가처분	2011년 3월 5일	2011년 3월 2일 서울중앙 지방법원의 가처분결정 (2011 카합 202)	피보전권리 소유권이전등기청구권 채권자 박명수 ******-******* 경기도 안양시 ### 금지사항 양도, 담보권설정 기타 일체의 처분행위 금지

🏠 가등기에 기한 본등기 예시

[갑구]	(소유권에 관한 사항)			
순위 번호	등기목적	접수	등기원인	권리자 및 기타사항
1	소유권보존	2004년 5월 4일 제3541호		소유자　　　이정재
2	소유권이전 청구권가등기	2009년 2월 23일 제1235호	2009년 2월 22일 매매예약	가등기권자　정우성 ******¯******* 서울특별시 종로구 숭인동 ###
	소유권이전	2009년 4월 25일 제2345호	2009년 4월 24일 매매	소유자　　　정우성 ******¯******* 서울특별시 종로구 숭인동 ### 거래가액　금 300,000,000원
3	~~소유권이전~~	~~2009년 3월 5일~~ ~~제1345호~~	~~2009년~~ ~~3월 4일 매매~~	~~김태평~~
4	3번 소유권이전 말소			2번 가등기의 본등기로 인하여 2009년 4월 25일 등기

[을구]	(소유권 외의 권리에 관한 사항)			
순위 번호	등기목적	접수	등기원인	권리자 및 기타사항
1	근저당권설정	2009년 3월 5일 제1345호	2009년 3월 5일 설정계약	채권최고액　금 50,000,000원 ~~채무자　　　김태평~~ ~~근저당권자　주식회사 국민은행~~ 　　　~~서울특별시 종로구 ###~~
2	1번 근저당권설정 등기 말소			갑구2번 가등기의 본등기로 인하여 2009년 4월 25일 등기

[갑구]				(소유권에 관한 사항)
순위 번호	등기목적	접수	등기원인	권리자 및 기타사항
1	소유권보존	2004년 5월 4일 제3541호		소유자　　　서장훈
2	소유권이전 청구권가등기	2009년 2월 23일 제1235호	2009년 2월 22일 매매예약	가등기권자　유재석 ******‾******* 서울특별시 종로구 숭인동 ###
	소유권이전	2009년 4월 25일 제2345호	2009년 4월 24일 매매	소유자　　　김구라 ******‾******* 서울특별시 강남구 00동 ### 거래가액　　금 300,000,000원
2-1	2번 소유권이전 청구권이전	2009년 3월 5일 제1345호	2009년 3월 4일 매매	가등기권자　김구라 ******‾******* 서울특별시 강남구 00동

[갑구]				(소유권에 관한 사항)
순위 번호	등기목적	접수	등기원인	권리자 및 기타사항
1	소유권보존	2004년 5월 4일 제3541호		소유자　　　서장훈
2	소유권이전 청구권가등기	2009년 2월 23일 제1235호	2009년 2월 22일 매매예약	가등기권자　유재석 ******‾******* 서울특별시 종로구 숭인동 ###
2-1	2번 가등기된 소유권이전 청구권가처분	2009년 3월 5일 제1345호	2009년 0월 0월 서울중앙 지방법원의 가처분결정	피보전권리　가등기된 소유권이전청구권의 　　　　　　이전청구권 채권자　　　박명수 ******‾******* 서울 강남구 00동 금지사항　　양도, 담보권설정 기타 일체의 　　　　　　처분행위의 금지

🏠 건물 1등기기록

[건물] 서울시 서초구 서초동 86 　　　　　　고유번호 0000-0000-000000

[표제부]			(건물의 표시)	
표시번호	접수	소재지번 및 건물번호	건물내역	등기원인 및 기타사항
1	~~2004년 5월 4일~~	~~서울특별시 서초구 서초동 86 제1호~~	~~벽돌조 시멘트기와지붕 단층주택 280m²~~	
2	2005년 8월 10일	서울특별시 서초구 서초동 86 제1호	벽돌조 시멘트기와지붕 단층주택 280m² 부속건물 벽돌조 시멘트기와지붕 단층주택 280m²	합병으로 인하여 280m²를 서울특별시 서초구 서초동 86 제2호에서 이기

[갑구]			(소유권에 관한 사항)		
순위번호	등기목적	접수	등기원인	권리자 및 기타사항	
1	소유권보존	1994년 5월 4일 제3541호		소유자	박찬호 73####-******* ~~충청남도 공주시 ##동 100 1~~
1-1	1번 등기 명의인표시 변경		1996년 4월 20일 전거	주소	박찬호 서울시 강남구 강남대로 #### 2009년 6월 12일 부기
2	소유권이전	2009년 6월 12일 제4567호	2009년 5월 12일 매매	소유자 거래가액	김병렬 73####-******* 서울특별시 은평구 은평로120 금 500,000,000원
3	가압류	2012년 3월 10일 제2032호	2012년 3월 9일 인천지방법원의 가압류결정 (2012 카단 210)	청구금액 채권자	금 100,000,000원 강호동 ******-******* 서울특별시 강남구 ###

[을구]			(소유권 외의 권리에 관한 사항)		
순위번호	등기목적	접수	등기원인	권리자 및 기타사항	
1	전세권설정	2011년 9월 10일 제9876호	2011년 9월 7일 설정계약	전세금 범위 전세권자	금 200,000,000 건물의 전부 조세호 710707-******* 서울특별시 강서구 강서로38

[을구]			(소유권 외의 권리에 관한 사항)		
순위 번호	등기목적	접수	등기원인	권리자 및 기타사항	
1	전세권설정	2011년 9월 10일 제9876호	2011년 9월 7일 설정계약	전세금 범위 전세권자	금 200,000,000 건물의 전부 조세호 710707-******* 서울특별시 강서구 강서로 38
1-1	1번 전세권 변경	2013년 9월 10일 제9888호	2013년 9월 9일 변경계약	전세금	금 300,000,000

[을구]			(소유권 외의 권리에 관한 사항)		
순위 번호	등기목적	접수	등기원인	권리자 및 기타사항	
1	전세권설정	2011년 9월 10일 제9876호	2011년 9월 7일 설정계약	전세금 범위 전세권자	금 200,000,000 건물의 전부 조세호 710707-******* 서울특별시 강서구 강서로 38
2	저당권설정	(생략)	(생략)	저당권자	유세윤
3	1번 전세권 변경	2013년 9월 10일 제9888호	2013년 9월 9일 변경계약	전세금	금 300,000,000

[을구]			(소유권 외의 권리에 관한 사항)		
순위 번호	등기목적	접수	등기원인	권리자 및 기타사항	
1	전세권설정	2011년 9월 10일 제9876호	2011년 9월 7일 설정계약	전세금 범위 전세권자	금 200,000,000 건물의 전부 조세호 710707-******* 서울특별시 강서구 강서로 38
1-1	1번 전세권 변경	2013년 9월 10일 제9888호	2013년 9월 9일 변경계약	전세금	금 300,000,000
2	저당권설정	(생략)	(생략)	저당권자	김준호

[갑구]	(소유권에 관한 사항)			
순위 번호	등기목적	접수	등기원인	권리자 및 기타사항
1	소유권보존	1995년 3월 8일 제152호		소유자　서태웅 서울시 송파구 **
2	~~소유권이전~~	~~1996년 3월 9일 제309호~~	~~1996년 3월 8일 매매~~	~~소유자　강백호 서울시 서대문구 ##~~
3	2번 소유권이전 등기 말소	1998년 2월 1일 제203호	1998년 2월 1일 서울중앙지방법원의 확정판결	
4	2번 소유권이전 등기 회복	2002년 10월 5일 제407호	2002년 6월 7일 서울중앙지방법원의 확정판결	
2	소유권이전	1996년 3월 9일 제309호	1996년 3월 8일 매매	소유자　강백호 서울시 서대문구 ## 2002년 10월 5일 등기

[을구]	(소유권 외의 권리에 관한 사항)			
순위 번호	등기목적	접수	등기원인	권리자 및 기타사항
1	~~전세권설정~~	~~2012년 3월 5일 제305호~~	~~2012년 3월 4일 설정계약~~	~~전세금　　　금 500,000,000 범위　　　　건물의 전부 전세권자　강호동 710707 ******* 서울특별시 강서구 강서로 38~~
1-1	~~1번 전세권 근저당권설정~~	~~2012년 3월 15일 제402호~~	~~2012년 3월 14일 변경계약~~	~~채권최고액 금 10,000,000원 채무자　　　강호동 서울시 강서구 근저당권자 신동엽~~
2	1-1번 근저당권설 정등기 말소			1번 전세권의 말소로 인하여 2014년 2월 4일 등기
3	1번 전세권 말소	2014년 2월 4일	2014년 2월 4일 해지	

01 **변경등기, 이해관계인**

1. 변경등기

표제부	부동산(표시)의 변경	주등기	단독신청(1개월)
갑구 또는 을구	등기명의인표시변경	부기등기	단독신청
	권리변경	부기등기(단, 승낙 × ⇨ 주등기)	공동신청

① 부동산표시의 변경등기(단독신청 − 1개월 내 신청의무, 직권등기, 반드시 주등기)
  소유권, 지상권, 전세권, 임차권, 승역지 지역권, 모든 토지에 동일한 저당권, 모든 토지에
  동일한 등기사항의 신탁등기가 있는 경우 합필등기 가능, 이외 합필할 수 없다.

② 등기명의인 표시의 변경등기(단독신청원칙 − 신청의무는 없음, 반드시 부기등기)
  ㉠ 개명, 주소이전, 주민등록번호 변경
  ㉡ 소유권이전등기시 등기의무자의 주소변경의 사실이 주소증명 서면에 의해 명백할
    때 직권변경등기(등기의무자의 주소증명정보도 제공되었으므로)

③ 권리의 변경등기 − 권리의 내용 변경(공동신청원칙)
  ㉠ 이해관계인 없으면 부기등기(변경 전 사항을 말소하는 표시)
  ㉡ 이해관계인 있으면 ┌ 승낙 ○ : 부기등기(변경 전 사항을 말소하는 표시)
                    └ 승낙 × : 주등기(변경 전 사항을 말소표시하지 않음)

2. 이해관계인

① 말소등기시 등기상 이해관계 있는 제3자의 승낙이 있는 경우 그 제3자의 등기 직권말소
  ㉠ 전세권의 말소시 그 전세권을 목적으로 하는 저당권자는 이해관계인에 해당한다.
    (○)
  ㉡ 저당권의 말소시 그 선, 후 저당권자는 이해관계인에 해당한다.   (×)
  ㉢ 선순위 저당권등기의 회복시 선순위 저당권말소 전에 등기한 후순위 저당권자는
    이해관계인에 해당한다.   (○)
  ㉣ 선순위근저당권의 채권최고액을 감액하는 변경등기는 그 저당목적물에 관한 후순
    위권리자의 승낙서가 첨부되지 않더라도 할 수 있다.   (○)

② 말소나 회복등기를 신청하는 경우 이해관계인의 승낙서를 첨부하지 않으면 각하

확인문제

01 변경등기에 관한 설명 중 **틀린** 것은?

① 건물의 구조가 변경된 경우에는 변경등기를 신청하기 전에 먼저 건축물대장의 기재사항을 변경하여야 한다.
② 건물의 면적이 변경된 경우에는 주등기의 방법에 의하여 변경등기를 한다.
③ 합필하려는 토지의 소유자별 공유지분이 다른 경우 합필 할 수 없다.
④ 합필하려는 모든 토지에 등기원인 및 그 연월일과 접수번호가 동일한 저당권의 등기가 있는 경우 합필 할 수 없다.
⑤ 권리의 변경등기는 그 등기로 등기상 이해관계 있는 제3자의 권리가 침해되는 경우, 그 제3자의 승낙 또는 이에 대항할 수 있는 재판이 있음을 증명하는 정보의 제공이 없으면 부기등기로 할 수 없다.

02 말소등기에 관련된 설명으로 **틀린** 것은?   2015

① 말소등기를 신청하는 경우, 그 말소에 대하여 등기상 이해관계 있는 제3자가 있으면 그 제3자의 승낙이 필요하다.
② 말소된 등기의 회복을 신청하는 경우, 등기상 이해관계 있는 제3자가 있을 때에는 그 제3자의 승낙이 필요하다.
③ 근저당권설정등기 후 소유권이 제3자에게 이전된 경우, 제3취득자가 근저당권설정자와 공동으로 그 근저당권말소등기를 신청할 수 있다.
④ 근저당권이 이전된 후 근저당권의 양수인은 소유자인 근저당설정자와 공동으로 그 근저당권말소등기를 신청할 수 있다.
⑤ 가등기의무자는 가등기명의인의 승낙을 받아 단독으로 가등기의 말소를 신청할 수 있다.

03 말소등기를 신청하는 경우 그 말소에 관하여 승낙서를 첨부하여야 하는 등기상 이해관계 있는 제3자에 해당하는 것을 모두 고른 것은?   2018

┌───┐
⊙ 지상권등기를 말소하는 경우 그 지상권을 목적으로 하는 저당권자
ⓒ 순위 2번 저당권등기를 말소하는 경우 순위 1번 저당권자
ⓒ 순위 1번 저당권등기를 말소하는 경우 순위 2번 저당권자
ⓒ 토지에 대한 저당권등기를 말소하는 경우 그 토지에 대한 지상권자
ⓜ 소유권보존등기를 말소하는 경우 가압류권자
└───┘

① ㉠, ㉣   ② ㉠, ㉤   ③ ㉡, ㉢
④ ㉡, ㉤   ⑤ ㉢, ㉣

Answer   **01** ④ **02** ③ **03** ②

02 등기사항과 등기절차 이해

1. 당사자의 이해(등기신청적격)

- ○ : 자연인, 법인[국가, 지자체(시·도, 시·군·구), 사단법인 등], 법인 아닌 사단 또는 재단
- × : 태아, 학교, 「민법」상 조합, 읍·면·리·동

OX Check

등기신청적격에 해당하는지 여부

1. 태아 ( ) / 2. 사립학교 ( ) / 3. 법인 ( ) / 4. 종중 ( ) /
5. 「민법」상 조합 ( ) / 6. 「민법」상 조합원 ( ) / 7. 특별법상 조합 ( ) /
8. 역삼동 ( ) / 9. 경기도 ( )

◈ 플러스
1. 법인 아닌 사단이 등기'의무'자로서 등기를 신청하는 경우 (특별한 사정이 없는 한) 사원총회결의서를 첨부하여야 한다.
2. 종중(宗中), 문중(門中), 그 밖에 대표자나 관리인이 있는 법인 아닌 사단(社團)이나 재단(財團)에 속하는 부동산의 등기에 관하여는 그 사단이나 재단을 등기권리자 또는 등기의무자로 한다(등기는 그 사단이나 재단의 명의로 그 대표자나 관리인이 신청한다).

2. 등기별 등기권리자와 등기의무자 구별

OX Check

01 전세권설정등기의 등기권리자는 전세권자, 등기의무자는 전세권설정자이다.　(○)

02 전세권말소등기의 등기권리자는 전세권자, 등기의무자는 전세권설정자이다.　(×)

Answer　01 ×　02 ×　03 ○　04 ○　05 ×　06 ○　07 ○　08 ×　09 ○

04 등기당사자능력에 관한 설명으로 옳은 것은? (다툼이 있으면 판례에 따름)

① 태아로 있는 동안에는 태아의 명의로 대리인이 등기를 신청한다.
② 「민법」상 조합은 직접 자신의 명의로 등기를 신청한다.
③ 지방자치단체와 같은 공법인은 직접 자신의 명의로 등기를 신청할 수 없다.
④ 사립대학이 부동산을 기증받은 경우, 학교 명의로 소유권이전등기를 할 수 있다.
⑤ 법인 아닌 사단인 종중이 건물을 매수한 경우, 종중의 대표자는 종중 명의로
   소유권이전등기를 신청할 수 있다.

05 법인 아닌 사단의 부동산등기신청에 관한 설명으로 옳지 <u>않은</u> 것은?

① 그 사단의 대표자를 등기권리자 또는 등기의무자로 한다.
② 법인 아닌 사단이 등기의무자인 경우, 사원총회결의가 있었음을 증명하는 정
   보를 첨부정보로 제공하여야 한다.
③ 등기되어 있는 대표자가 등기를 신청하는 경우, 대표자임을 증명하는 정보를
   첨부정보로 제공할 필요가 없다.
④ 대표자의 주소 및 주민등록번호를 증명하는 정보를 첨부정보로 제공하여야 한다.
⑤ 정관이나 그 밖의 규약의 정보를 첨부정보로 제공하여야 한다.

Answer **04** ⑤ **05** ①

3. 등기사항

① **물권과 채권**

- 물권: 등기 ○(원칙), 단 등기할 수 없는 물권으로서 (점유권, 유치권, 질권) 등이
  있다.
- 채권: 등기 ×(원칙), 단 등기할 수 있는 채권으로서 (임차권, 환매권) 등이 있다.

등기할 수 있는 권리는 원칙적으로 부동산에 관한 물권이나, 부동산물권이 아닌 권리로서
(권리질권)과 (채권담보권)은 저당권에 (부기등기)형태로 등기할 수 있는 물권이다.

② **부동산의 일부와 권리의 일부, 1인 지분의 등기**

구 분	소유권보존등기	소유권이전등기, 저당권설정등기	지상권, 전세권, 임차권설정등기	지역권설정
부동산의 일부	×	×	○	승역지 지역권 ○ 요역지 지역권 ×
권리의 일부	×	○	×	×

1인의 전원명의 소유권보존등기 　　　（○） / 자기지분만 소유권보존등기 （×）

상속인 1인의 전원명의 상속등기 　　　（○） / 자기지분만 상속등기 　　　（×）

공동가등기권자 중 1인의 전원명의본등기（×） / 자기지분만 본등기 　　　（○）

수인의 수증자인 포괄유증시 전원이 전원명의 등기 또는 1인의 자기지분만 등기（○）

③ 등기사항이 아닌 경우

'사건이 등기할 것이 아닌 경우'란 다음 각 호의 어느 하나에 해당하는 경우를 말한다.

1. 등기능력 없는 물건 또는 권리에 대한 등기를 신청한 경우
2. 법령에 근거가 없는 특약사항의 등기를 신청한 경우
3. 구분건물의 전유부분과 대지사용권의 분리처분 금지에 위반한 등기를 신청한 경우
4. 농지를 전세권설정의 목적으로 하는 등기를 신청한 경우
5. 저당권을 피담보채권과 분리하여 양도하거나, 피담보채권과 분리하여 다른 채권의 담보로 하는 등기를 신청한 경우
6. 일부지분에 대한 소유권보존등기를 신청한 경우
7. 공동상속인 중 일부가 자신의 상속지분만에 대한 상속등기를 신청한 경우
8. 관공서 또는 법원의 촉탁으로 실행되어야 할 등기를 신청한 경우
9. 이미 보존등기된 부동산에 대하여 다시 보존등기를 신청한 경우
10. 그 밖에 신청취지 자체에 의하여 법률상 허용될 수 없음이 명백한 등기를 신청한 경우
    가. 가등기에 기한 본등기를 금지하는 가처분
    나. 매매로 인한 소유권이전등기와 동시에 하지 않은 환매특약등기신청
    다. 소유권이전등기말소청구권을 보전하기 위한 가등기신청

OX Check

기타 권리변동

01 가압류, 가처분, 경매개시결정등기 등(관공서 또는 법원의 촉탁으로 실행되어야 할 등기)을 채권자가 등기소에 신청한 경우 등기관은 이를 각하한다. (○)

> 채권자 乙의 등기신청에 의한 甲 소유 토지에 대한 가압류등기가 실행된 경우라면 등기관이 직권말소할 수 있다. (○)

02 가처분등기 후 그에 반하는 소유권이전등기는 실행하여야 한다. (○)

03 부동산의 공유지분에 대한 처분금지가처분등기가 가능하다. (○)

04 부동산의 합유지분에 대한 가압류등기가 가능하다. (×)

05 합유등기를 하는 경우 합유자의 이름과 각자의 지분비율이 기록되어야 한다. (×)

06 공유자 중 1인은 자기 지분만의 소유권이전등기를 신청할 수 없다. (×)

07 공유지분에 대한 임차권을 등기할 수 있다. (×)

08 공유지분을 목적으로 하는 지상권설정등기를 공동으로 신청할 수 없다. (○)

참고 | 공동소유 등기
- 공유등기: 공유지분 ○, 지분등기 ○, 지분이전등기 ○
- 합유등기: 합유지분 ○, 지분등기 ×, 지분이전등기 ×[등기할 권리가 합유(合有)인 뜻을 기록]

참고 | 가처분권자의 승소 후 말소절차

구 분	가처분권리자가 본안승소로 소유권이전, 말소 또는 설정의 등기를 단독신청하는 경우
가처분등기 이후에 된 등기로서 가처분채권자의 권리를 침해하는 등기의 말소	단독신청으로 말소
그 가처분등기의 말소	직권으로 말소

확인문제

06 등기신청의 각하사유에 해당하는 것을 모두 고른 것은?

> ㉠ 매매로 인한 소유권이전등기 이후에 환매특약등기를 신청한 경우
> ㉡ 관공서의 공매처분으로 인한 권리이전의 등기를 매수인이 신청한 경우
> ㉢ 전세권의 양도금지 특약을 등기신청한 경우
> ㉣ 소유권이전등기의무자의 등기기록상 주소가 신청정보의 주소로 변경된
>   사실이 명백한 때

① ㉠, ㉡   ② ㉡, ㉢   ③ ㉢, ㉣
④ ㉠, ㉡, ㉢   ⑤ ㉠, ㉡, ㉢, ㉣

07 등기관이 등기신청을 각하해야 하는 경우를 모두 고른 것은?

> ㉠ 일부지분에 대한 소유권보존등기를 신청한 경우
> ㉡ 공동상속인 중 일부가 자신의 상속지분만에 대한 상속등기를 신청한 경우
> ㉢ 「하천법」상 하천에 대한 지상권설정등기신청
> ㉣ 농지를 전세권의 목적으로 하는 등기를 신청한 경우
> ㉤ 저당권을 피담보채권과 분리하여 다른 채권의 담보로 하는 등기를 신청한
>   경우

① ㉠, ㉡, ㉤   ② ㉠, ㉢, ㉣
③ ㉠, ㉢, ㉣, ㉤   ④ ㉡, ㉢, ㉣, ㉤
⑤ ㉠, ㉡, ㉢, ㉣, ㉤

④ **가등기 절차**
  ㉠ 가등기당사자와 본등기당사자
    ⓐ 가등기 신청
      • 원칙: 공동신청
      • 예외: 단독신청(<u>가등기권리자</u> + '가등기의무자의 승낙서' 또는 '가등기가처분 명령정본')

> ◈ **플러스**
> 가등기를 명하는 법원의 가처분명령이 있는 경우, 등기관은 법원의 촉탁에 따라 그 가등기를 한다. (×)

    ⓑ 본등기당사자

본등기권리자	가등기권리자 (또는 가등기상 권리를 이전 받은 자)	일부 가등기권자의 자기지분만 본등기 ○ 일부 가등기권자의 전원에 대한 본등기 ×
본등기의무자	가등기의무자(제3취득자 ×)	제3자의 승낙 불요

  ㉡ 가등기의 말소
    ⓐ 원칙: 공동신청
    ⓑ 예외: 단독신청
      • 가등기명의인(가등기필정보 + 소유권가등기말소시 가등기명의인의 인감)
      • 가등기의무자 또는 등기상 이해관계인(+ 가등기명의인 승낙서 첨부)
⑤ **가등기에 기한 본등기시 직권말소 여부**(보전되는 권리를 침해하는 등기를 직권말소)
  ㉠ <u>소유권</u>에 관한 가등기에 기한 본등기시: 해당 가등기상, 가등기 전에, 가등기권자에게 대항할 수 있는 임차권등기 등을 제외하고 직권말소
  ㉡ <u>지상권, 전세권, 임차권</u>에 관한 가등기에 기한 본등기시: 동일 범위의 용익권들 직권말소
  ㉢ <u>저당권</u>에 관한 가등기에 기한 본등기시: 가등기 후에 경료된 제3자의 권리는 저당권의 본등기를 침해하지 않으므로 직권말소할 수 없다.

OX Check

01 소유권이전등기청구권보전 가등기에 의한 본등기를 한 경우, 그 가등기 후 본등기 전에 마쳐진 해당 가등기상 권리를 목적으로 하는 가압류등기는 직권말소한다. (×)

02 임차권설정등기청구권보전 가등기에 의한 본등기를 한 경우, 등기관은 가등기 후 본등기 전에 가등기와 동일한 부분에 마친 부동산 용익권등기를 직권말소한다. (○)

03 저당권설정등기청구권보전 가등기에 의한 본등기를 한 경우, 등기관은 가등기 후 본등기 전에 마친 제3자 명의의 부동산용익권 등기를 직권말소할 수 있다. (×)

04 지상권설정등기청구권보전 가등기에 의하여 지상권 본등기를 한 경우, 등기관은 가등기 후 본등기 전에 마친 저당권설정등기를 직권말소할 수 있다. (×)

05 1필의 토지 전부에 대한 지상권설정등기청구권보전 가등기에 의해 지상권설정의 본등기가 행해진 경우, 가등기 후 본등기 전에 마쳐진 토지 임차권설정등기는 직권말소 대상이 된다. (×)

⑥ **가등기할 수 있는 경우와 없는 경우**

가등기할 수 있는 경우	가등기할 수 없는 경우
㉠ 본등기를 할 수 있는 권리의 설정, 이전, 변경 또는 소멸의 청구권을 보전하기 위해 ㉡ 시기부, 정지조건부 청구권 보전 ㉢ 장래에 확정될 청구권 보전 ㉣ 채권적 청구권 보전 ㉤ **가등기상의 권리의 처분금지가처분** ㉥ 가등기의 이전등기(가등기의 가등기) ㉦ 권리의 등기(갑구 또는 을구) ㉧ 사인증여 순위보전 가등기	- **보존등기, 처분제한등기**를 위한 가등기는 허용되지 않는다. - 종기부, 해제조건부 청구권 × - **물권적 청구권 보전** × - 가등기에 기한 **본등기처분**을 금지하는 가처분 × - 사실의 등기(**표제부**) × - 유증가등기(생존 중) ×

4. 등기 절차 암기

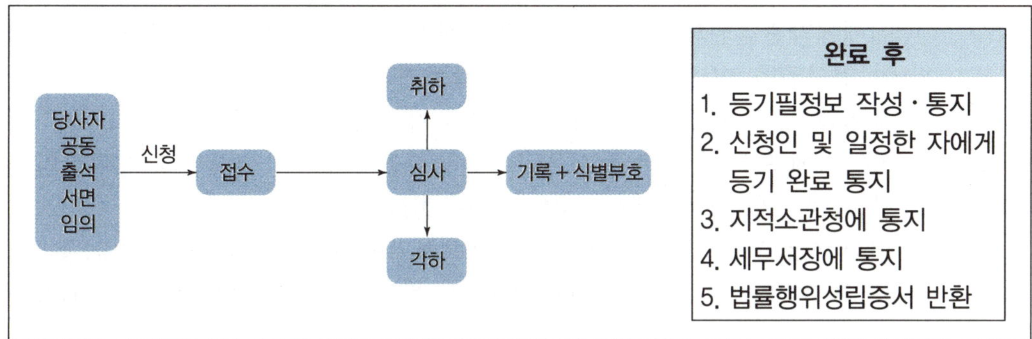

확인문제

08 등기절차에 관한 부동산등기법 규정과 등기의 효력에 대한 설명으로 옳은 것은?

① 등기관이 등기를 마친 경우 그 등기는 마쳐진 때부터 효력을 발생한다.

② 등기사무를 처리한 등기관이 누구인지 알 수 있도록 하는 조치는 각 등기관이 등기전자서명을 하여 미리 부여받은 식별부호를 기록하는 방법으로 한다.

③ 위조된 근저당권해지증서에 의해 1번 근저당권등기가 말소된 후 2번 근저당권이 설정된 경우, 말소된 1번 근저당권등기가 회복되더라도 2번 근저당권이 우선한다.

④ 부동산에 대한 가압류등기와 저당권설정등기 상호간의 순위는 순위번호에 따른다.

⑤ 소유권이전등기청구권 보전을 위한 가등기가 있으면 소유권이전등기를 청구할 어떤 법률관계가 있다고 추정된다.

09 가등기에 관한 설명으로 옳은 것은?

① 가등기를 명하는 법원의 가처분명령이 있을 때에는 법원의 촉탁에 의하여 가등기를 하게 된다.

② 소유권이전등기청구권보전 가등기에 의하여 소유권이전의 본등기를 한 경우, 가등기 후 본등기 전에 마쳐진 해당 가등기상 권리를 목적으로 하는 가압류등기는 등기관이 직권으로 말소한다.

③ 소유권이전등기청구권 보전을 위한 가등기에 기한 본등기가 경료된 경우, 본등기에 의한 물권변동의 효력은 가등기한 때로 소급하여 발생한다.

④ 가등기에 관하여 등기상 이해관계 있는 자도 가등기명의인의 승낙을 받아 단독으로 가등기의 말소를 신청할 수 있다.

⑤ 지상권의 설정등기청구권보전 가등기에 의하여 지상권설정의 본등기를 한 경우, 가등기 후 본등기 전에 마쳐진 저당권설정등기는 등기관이 직권으로 말소한다.

Answer 08 ② 09 ④

10 가등기에 관한 설명으로 옳은 것을 모두 고른 것은? (다툼이 있으면 판례에 의함)

> ㉠ 매매예약완결권의 행사로 소유권이전청구권이 장래에 확정되게 될 경우, 이 청구권을 미리 보전하기 위한 가등기를 할 수 있다.
> ㉡ 물권적 청구권을 보전하기 위한 가등기를 할 수 있다.
> ㉢ 가등기에 의하여 보전된 소유권이전청구권을 양도한 경우, 그 청구권의 이전등기는 가등기에 대한 부기등기로 한다.
> ㉣ 甲이 乙소유 토지에 대한 소유권이전청구권을 보전하기 위하여 가등기를 한 후 乙이 그 토지를 丙에게 양도한 경우, 甲의 본등기 청구의 상대방은 丙이다.
> ㉤ 공동가등기권자 중 일부의 가등기권자가 자기의 지분만에 관하여 본등기를 신청할 수 있다.

① ㉠, ㉢ 　　② ㉡, ㉤ 　　③ ㉠, ㉡, ㉣
④ ㉠, ㉢, ㉤ 　　⑤ ㉡, ㉣, ㉤

> Answer　10 ④

03　단독신청, 공동신청, 직권등기

1. 단독신청

① 확정된 이행판결에 의한 등기신청 – 단독신청
　확정된 이행판결(승소), 단, 공유물분할판결(등기권리자 또는 등기의무자)
② 상속 또는 법인의 합병 등 포괄승계를 원인으로 하는 등기 – 단독신청
③ 소유권보존등기, 소유권보존등기의 말소 – 단독신청
④ 신탁재산에 속하는 부동산의 신탁등기 – 단독신청(수탁자)
⑤ 부동산표시변경, 등기명의인의 표시변경등기 – 단독신청
⑥ 등기의무자가 소재불명된 경우 소멸한 권리의 말소등기 – 단독신청(공시최고 제권판결)
⑦ 사망으로 소멸한 권리의 말소등기

2. 공동신청

① 포괄유증 또는 특정유증으로 인한 소유권이전등기 – 공동신청

② 상속인(포괄승계인)에 의한 등기 – 공동신청

③ 근저당권의 변경등기(권리의 변경) – 공동신청

④ 공유물불분할 약정의 변경등기 – 공동신청(공유자 전원)

⑤ 부동산 소유권 포기 – 소유권이전등기 – 공동신청(포기한 자 + 국가)

⑥ 부동산 공유자의 공유지분 포기에 따른 소유권이전등기 – 공동신청(포기한 자 + 다른 공유자)

> ◈ 플러스
> 건물 또는 토지의 소유권을 포기한 경우, 그 소유권을 포기한 자는 단독으로 그에 따른 등기를 신청할 수 없다. (기출)　　　　　　　　　　　　　　　　　　　　　　　　(○)

⑦ 승역지에 지역권등기신청 – 공동신청(승역지소유자 등이 등기의무자)

3. 직권등기

① 요역지에 지역권등기 – 직권(등기관)

② 미등기 부동산에 처분제한등기촉탁시 직권소유권보존등기

③ 소유권이전등기시 주소변경사실이 명백한 경우 직권변경등기

④ 말소등기시 등기상 이해관계 있는 제3자의 승낙이 있는 경우 그 제3자의 등기 직권말소

⑤ 가등기에 기한 본등기시 가등기 후 실행된 등기로서 본등기권리를 침해하는 등기의 직권말소

⑥ 관할 위반 및 등기할 사항이 아닌 등기가 실행된 경우 직권말소

⑦ 수용으로 인한 소유권이전등기시 그 부동산에 관한 소유권, 소유권 외 권리, 처분제한의 등기 직권말소(상속 제외, 요역지 지역권 제외)

확인문제

11 단독으로 신청할 수 있는 등기를 모두 고른 것은? (단, 판결에 의한 신청은 제외)

> ㉠ 소유권보존등기의 말소등기
> ㉡ 근저당권의 채권최고액을 감액하는 변경등기
> ㉢ 법인합병을 원인으로 한 저당권이전등기
> ㉣ 특정유증으로 인한 소유권이전등기
> ㉤ 승역지에 지역권설정등기를 하였을 경우, 요역지 지역권등기

① ㉠, ㉢　　　　　　　② ㉠, ㉣　　　　　　　③ ㉡, ㉣
④ ㉠, ㉢, ㉤　　　　　⑤ ㉢, ㉣, ㉤

Answer　11 ①

12 등기권리자 또는 등기명의인이 단독으로 신청하는 등기에 관한 설명으로 **틀린** 것을 모두 고른 것은?

2017

> ㉠ 등기의 말소를 공동으로 신청해야 하는 경우, 등기의무자의 소재불명으로 제권판결을 받으면 등기권리자는 그 사실을 증명하여 단독으로 등기의 말소를 신청할 수 있다.
> ㉡ 수용으로 인한 소유권이전등기를 하는 경우, 등기권리자는 그 목적물에 설정되어 있는 근저당권설정등기의 말소등기를 단독으로 신청하여야 한다.
> ㉢ 이행판결에 의한 등기는 승소한 등기권리자가 단독으로 신청할 수 있다.
> ㉣ 말소등기 신청시 등기의 말소에 대하여 등기상 이해관계 있는 제3자의 승낙이 있는 경우, 그 제3자 명의의 등기는 등기권리자의 단독신청으로 말소된다.
> ㉤ 등기명의인 표시변경등기는 해당 권리의 등기명의인이 단독으로 신청할 수 있다.

① ㉠, ㉢　　　　② ㉠, ㉣　　　　③ ㉡, ㉣
④ ㉡, ㉤　　　　⑤ ㉢, ㉤

13 단독으로 등기를 신청할 수 있는 것을 모두 고른 것은? (단, 판결 등 집행권원에 의한 신청은 제외함)

> ㉠ 가등기명의인의 가등기말소등기 신청
> ㉡ 토지를 수용한 한국토지주택공사의 소유권이전등기 신청
> ㉢ 근저당권의 채권최고액을 감액하는 근저당권자의 변경등기 신청
> ㉣ 포괄유증을 원인으로 하는 수증자의 소유권이전등기 신청

① ㉠　　　　② ㉠, ㉡　　　　③ ㉡, ㉢
④ ㉠, ㉢, ㉣　　　　⑤ ㉡, ㉢, ㉣

Answer　12 ③　13 ②

04 **등기첨부서면**

1. 등기신청정보

① 신청서가 여러 장인 경우에는 간인 − 등기권리자 또는 등기의무자가 여러 명인 경우 1명이 간인 (비교 − 정정인은 신청인 전원이 날인)
② 신청정보의 필요적 내용
   부동산 표시(소지지면), 신청인(명주번), 대리인(법인대표자 포함)의 명주(번), 등기원인과 연월일, 등기목적, 등기의무자의 등기필정보, 등기소의 표시, 신청연월일

2. 등기원인증명정보

① **원인증서의 예**: 계약서, 판결정본, (상속재산분할협의서, 유언증서 등)
② **검인계약서**: 계약 + 소유권이전등기
   신고필증받은 경우(매매)나 토지거래허가를 받은 경우는 검인받은 걸로 본다. 다만, 판결을 받은 경우 판결서에 검인을 받아 제출함을 주의한다.
   ㉠ 검인 ○: 증여, 교환, 공유물분할 합의, 명의신탁해지약정, 양도담보계약
   ㉡ 검인 ×: 경매, 상속, 수용, 진정명의회복, 취득시효, 소유권말소등기신청

3. 등기필정보 − 등기의무자의 권리에 관한 등기필정보를 제공

① **등기필정보 제공을 요하는 경우**: 공동신청, 승소한 등기의무자의 단독신청
② **등기필정보를 작성하는 경우**: 보존·설정·이전등기, 설정·이전가등기, 권리자 추가
③ **등기필정보 작성·통지의 상대방**

> ┌ ○: 등기명의인이 된 신청인에게 통지(등기권리자)
> └ ×: 승소한 등기의무자, 대위, 직권보존, 관공서가 등기권리자인 촉탁등기, 등기권리자가 원하지 않는 경우

③ 법정대리인이 등기를 신청한 경우에는 그 법정대리인에게, 법인의 대표자나 지배인이 신청한 경우에는 그 대표자나 지배인에게, 법인 아닌 사단이나 재단의 대표자나 관리인이 신청한 경우에는 그 대표자나 관리인에게 등기필정보를 통지한다.
④ (2025개정) 등기완료 후 등기필정보를 작성통지하지 아니하고 등기완료통지하는 사유 추가 − 공유자 중 일부가 공유물의 보존행위로서 공유자 전원을 등기권리자로 하여 권리에 관한 등기를 신청한 경우(등기권리자가 그 나머지 공유자인 경우로 한정한다)

4. 인감증명

① **인감증명 제공 ○**

소유권이전등기, 소유권이전등기의 말소등기, 소유권에 관한 가등기 말소등기, 저당권·전세권 등 설정등기 등

② **인감증명 제공 ✕**

㉠ 저당권·전세권·임차권 등의 이전 또는 말소등기 등

㉡ 인감증명을 제출하여야 하는 자가 국가 또는 지방자치단체인 경우에는 인감증명을 제출할 필요가 없다.

㉢ 인감증명을 제출하여야 하는 자가 다른 사람에게 권리의 처분권한을 수여한 경우에는 그 대리인의 인감증명을 함께 제출하여야 한다.

㉣ 상속등기를 신청하면서 등기원인을 증명하는 정보로서 상속인 전원이 참여한 공정증서에 의한 상속재산분할협의서를 제공하는 경우, 상속인들의 인감증명을 제출할 필요가 없다.

  ✿ 매매를 원인으로 한 소유권이전등기신청의 경우 반드시 부동산매도용 인감증명서를 첨부하여야 하지만 매매 이외의 경우에는 등기신청서에 첨부된 인감증명서상의 사용용도와 그 등기의 목적이 다르더라도 그 등기신청은 이를 수리하여야 한다. <등기예규 제1308호, 시행 2010.4.13.>

5. 제3자 허가 동의승낙서

① 농업경영에 이용할 자가 농지를 취득하기 위해 소유권이전등기를 신청하는 경우 제출
⇨ 농지취득자격증명(유상/무상)증여○, 가등기✕, 본등기○, 취득시효✕, 상속✕, 진정✕, 공유물분할✕

② 허가구역 내 토지에 유상계약으로 소유권, 지상권이전 또는 설정등기(예약포함)시 제출
⇨ 토지거래허가서(유상)증여✕, 가등기○, 본등기✕, 취득시효✕, 상속✕, 진정✕

③ 등기원인을 증명하는 서면이 집행력 있는 판결인 때에도 농지에 대한 소유권이전등기를 신청하는 경우에는 농지취득자격증명을 첨부하여야 한다.

④ 토지에 관한 매매계약체결 당시에는 그 토지가 신고 또는 허가 대상토지가 아니었으나 위 매매를 원인으로 한 소유권이전등기를 신청할 때에는 당해 토지가 새로이 허가 대상 토지로 된 경우 그 등기신청서에 토지거래신고필증이나 허가증을 첨부할 필요가 없다([등기선례 제3-175호]).

6. 주소증명정보

① '새로 등기명의인이 되는 등기권리자'의 주소(사무소 소재지)를 증명하는 정보(권리종류 불문)
② 다만, '소유권이전등기'를 신청하는 경우 <u>또는 등기의무자의 동일성확인이 필요한 경우</u>에는 등기의무자의 주소증명정보도 제공

7. 등록번호증명정보 — '새로 등기명의인이 되는 등기권리자'

등기권리자	등록번호부여기관
국가, 지방자치단체, 국제기관, 외국정부	국토교통부장관이 지정 · 고시
법 인	주된 사무소(외국법인 — 국내 설치등기) 소재지 관할 등기소의 등기관
법인 아닌 사단 · 재단 (국내 설치등기 안 한 외국법인 포함)	시장 · 군수 · 구청장 ○ (소재지 <u>관할</u> 시장 · 군수 · 구청장 × 대표자 주소지 <u>관할</u> 시장 · 군수 · 구청장 ×)
외국인	체류지 관할 지방출입국 · 외국인관서의 장(체류지 없는 경우 대법원 소재지를 체류지로 본다. ⇨ 즉, 대법원 소재지를 관할하는 지방출입국 외국인관서의 장이 부여하게 됨)
주민등록번호가 없는 재외국민	대법원 소재지 관할 등기소(= 현 서울중앙지방법원 등기국)의 등기관

8. 건물의 도면 또는 지적도

부동산의 일부에 대한 전세권(임차권)설정등기 신청서에는 그 도면을 첨부하여야 할 것인바, 다만, 전세권(임차권)의 목적인 범위가 건물의 일부로서 특정층 전부인 때에는 그 도면을 첨부할 필요가 없다.

9. 토지대장 · 임야대장 · 건축물대장(소유권보존, 소유권이전, 부동산변경, 멸실)

확인문제

14 매매를 원인으로 한 토지소유권이전등기를 신청하는 경우에 부동산등기규칙상 신청정보의 내용으로 등기소에 제공해야 하는 사항으로 옳은 것은?

① 등기권리자의 등기필정보
② 토지의 표시에 관한 사항 중 면적
③ 토지의 표시에 관한 사항 중 표시번호
④ 신청인이 법인인 경우에 그 대표자의 주민등록번호
⑤ 대리인에 의하여 등기를 신청하는 경우에 그 대리인의 주민등록번호

15 등기필정보에 관한 설명으로 틀린 것은?

① 승소한 등기의무자가 단독으로 권리에 관한 등기를 신청하는 경우, 그의 등기필정보를 등기소에 제공해야 한다.
② 승소한 등기의무자가 단독으로 등기신청을 한 경우 등기필정보를 등기권리자에게 통지하지 않아도 된다.
③ 공동신청 또는 승소한 등기권리자의 단독신청에 의하여 권리에 관한 등기를 신청하는 경우에는 등기필정보를 제공해야 한다.
④ 등기관이 법원의 촉탁에 따라 가압류등기를 하기 위해 직권으로 소유권보존등기를 한 경우 소유자에게 등기필정보를 통지하지 않는다.
⑤ 등기권리자의 채권자가 등기권리자를 대위하여 등기신청을 한 경우, 등기필정보는 작성통지하지 않고 그 등기권리자에게 등기완료통지한다.

16 등기절차에 관한 설명으로 옳은 것은?

① 농지에 대하여 공유물분할을 원인으로 한 소유권이전등기를 신청하는 경우 농지취득자격증명을 제공해야 한다.
② 토지에 관한 매매계약 체결 후 토지거래허가구역으로 지정된 경우에도 관할청의 토지거래허가서를 첨부하지 않으면 소유권이전등기를 마칠 수 없다.
③ 소유권의 등기명의인인 지방자치단체가 등기의무자로서 등기를 방문신청하는 경우, 인감증명을 제출할 필요가 없다.
④ 매매로 인한 등기신청시에는 부동산매도용 인감증명서를 첨부해야 하고, 매매 이외의 경우에는 그 사용용도와 등기목적이 다른 경우 각하된다.
⑤ 전세권설정범위가 건물 전부인 경우, 전세권설정등기 신청시 건물도면을 첨부정보로서 등기소에 제공해야 한다.

Answer **14** ② **15** ③ **16** ③

17 등기신청을 위한 첨부정보에 옳은 것을 모두 고른 것은?

> ㉠ 토지에 대한 표시변경등기를 신청하는 경우, 등기원인을 증명하는 정보로서 토지대장정보를 제공하면 된다.
> ㉡ 매매를 원인으로 소유권이전등기를 신청하는 경우, 등기의무자의 주소를 증명하는 정보도 제공하여야 한다.
> ㉢ 상속등기를 신청하면서 등기원인을 증명하는 정보로서 상속인 전원이 참여한 공정증서에 의한 상속재산분할협의서를 제공하는 경우, 상속인들의 인감증명을 제출할 필요가 없다.
> ㉣ 농지에 대한 소유권이전등기를 신청하는 경우, 등기원인을 증명하는 정보가 집행력 있는 판결인 때에는 특별한 사정이 없는 한 농지취득자격증명을 첨부하지 않아도 된다.

① ㉠, ㉡
② ㉢, ㉣
③ ㉠, ㉡, ㉢
④ ㉠, ㉢, ㉣
⑤ ㉡, ㉢, ㉣

Answer **17** ③

05 매매를 원인으로 한 소유권이전등기

1. 소유권이전등기 − 갑구, 주등기(독립등기)

① 부동산의 특정 일부에 대한 소유권이전등기 ×

② 소유권의 일부(지분)에 대한 이전등기 ○(신청서에 지분을 기재하여야 한다)

㉠ 등기관이 소유권의 일부에 관한 이전등기를 할 때에는 이전되는 지분을 기록하여야 하고, 그 등기원인에 분할금지약정이 있을 때에는 그 약정에 관한 사항도 기록하여야 한다.

㉡ 등기된 공유물분할금지기간약정을 갱신하는 경우 그 변경등기는 공유자 전원의 공동으로 신청하여야 한다(공유자 중 1인의 단독신청 ×).

㉢ 공유물분할금지약정이 등기된 부동산의 경우에 그 약정상 금지기간 동안에는 그 부동산의 소유권일부에 관한 이전등기를 할 수 없다. (×)

㉣ 권리자가 2인 이상인 경우에는 권리자별 지분을 기록하여야 하고 등기할 권리가 합유(合有)인 때에는 그 뜻을 기록하여야 한다.

2. 매매로 인한 소유권이전등기

① 등기신청의무(부동산등기특별조치법) - 위반시 과태료 있음

소유권이전등기 신청의무 ○

    ┌ 쌍무계약: 반대급부이행완료일로부터 60일 이내
    └ 편무계약: 계약효력발생일로부터 60일 이내

> **∷ 참고 | 부동산등기법상 신청의무 - 위반시 과태료 없음**
>
> - 토지의 분할, 합병, 멸실이 있는 경우와 표제부의 등기사항에 변경이 있는 경우에는 그 토지 소유권의 등기명의인은 그 사실이 있는 때부터 1개월 이내에 그 등기를 신청하여야 한다.
> - 건물의 분할, 구분, 합병, 멸실이 있는 경우와 표제부의 등기사항에 변경이 있는 경우에는 그 건물 소유권의 등기명의인은 그 사실이 있는 때부터 1개월 이내에 그 등기를 신청하여야 한다.
> - 존재하지 아니하는 건물에 대한 등기가 있을 때에는 그 소유권의 등기명의인은 지체 없이 그 건물의 멸실등기를 신청하여야 한다.

② **첨부 서면**

    ㉠ 신청서(매매 + 소유권이전등기시: 실거래신고필증에 기재된 실거래가액 기재)
    ㉡ 거래신고필증(수개 부동산의 경우 매매목록도 첨부) 및 계약서(실거래신고로 검인은 받은 것으로 본다) 제출
    ㉢ 등기의무자(매도인)의 등기필정보
    ㉣ 제3자 허가서 등(토지거래허가서, 농지취득자격증명 등)
    ㉤ 주소증명서면(등기권리자와 등기의무자)
    ㉥ 매수인(등기권리자)의 주민등록번호(등기용 등록번호)증명서면
    ㉦ 대장등본 등 부동산의 표시를 증명하는 서면
    ㉧ 매도인(등기의무자)의 매도용 인감증명(매수인기록)

③ 등기완료 후 지체 없이 지적소관청에 소유권변경사실 통지 ○

④ **거래가액등기**(매매계약서＋소유권이전등기): 2006.1.1. 이후 계약분부터 '신고'

    ⇨ 2006.6.1. 이후부터 거래가액 '등기'

> **∷ 참고 | 신청서에 거래가액 기재＋신고필증 첨부 ⇨ 갑구(권리자 기타 사항란)에 거래가액 기록**
>
> 매매목록을 제출하는 경우(갑구에 거래가액을 기록하지 않고 매매목록번호 기록)
>
>   ┌ 원칙: 부동산이 2개 이상인 경우(그러나 관할 관청이 달라 각각 신고한 경우 목록 제출 안함)
>   └ 예외: 부동산이 1개인 경우에도 수인의 매도인과 수인의 매수인의 경우에는 제출

OX Check

01 신고 관할관청이 같은 거래부동산이 2개 이상인 경우, 신청인은 매매목록을 첨부정
보로서 등기소에 제공해야 한다. (○)

02 거래부동산이 1개라 하더라도 여러 명의 매도인과 여러 명의 매수인 사이의 매매계
약인 경우에는 매매목록을 첨부정보로서 등기소에 제공해야 한다. (○)

03 등기관은 거래가액을 등기기록 중 갑구의 등기원인란에 기록하는 방법으로 등기한다. (×)

확인문제

18 소유권이전등기신청에 관한 설명 중 **틀린** 것은?

① 매매로 인한 등기신청서에는 거래신고필증을 첨부하고, 등기부에는 신고필증
에 기재된 거래가액을 기재하여야 한다.

② 소유권의 일부에 대한 이전등기를 신청하는 경우, 이전되는 지분을 신청정보
의 내용으로 등기소에 제공하여야 한다.

③ 상속을 원인으로 하여 농지에 대한 소유권이전등기를 신청하는 경우, 농지취
득자격증명은 필요하지 않다.

④ 토지거래허가의 대상이 되는 토지에 관하여 진정명의회복을 원인으로 하는 소
유권이전등기를 신청하는 경우에는 토지거래허가증을 첨부해야 한다.

⑤ 부동산 공유자의 공유지분 포기에 따른 등기는 해당 지분에 관하여 다른 공유
자 앞으로 소유권이전등기를 하는 형태가 되어야 한다.

19 소유권에 관한 등기의 설명으로 옳은 것을 모두 고른 것은?

> ㉠ 공유물분할금지약정이 등기된 부동산의 경우에 그 약정상 금지기간 동안
> 에는 그 부동산의 소유권 일부에 관한 이전등기를 할 수 없다.
> ㉡ 2020년에 체결된 부동산매매계약서를 등기원인을 증명하는 정보로 하여
> 소유권이전등기를 신청하는 경우에는 거래가액을 신청정보의 내용으로
> 제공하여야 한다.
> ㉢ 거래가액을 신청정보의 내용으로 제공하는 경우, 1개의 부동산에 관한 여
> 러 명의 매도인과 여러 명의 매수인 사이의 매매계약인 때에는 매매목록
> 을 첨부정보로 제공하여야 한다.
> ㉣ 공유물분할금지약정이 등기된 경우, 그 약정의 변경등기는 공유자 중 1인
> 이 단독으로 신청할 수 있다.

① ㉠, ㉡   ② ㉠, ㉢   ③ ㉡, ㉢
④ ㉡, ㉣   ⑤ ㉢, ㉣

Answer   **18** ④   **19** ③

🏠 구분건물 등기기록

[표제부]	(1동의 건물의 표시)			
표시번호	접수	소재지번, 건물명칭 및 번호	건물내역	등기원인 및 기타사항
1	2003년 6월 5일	서울특별시 강남구 역삼동 25-1,26 서민아파트 제1동	(생략)	도면편철장 제5책 제90면

(대지권의 목적인 토지의 표시)				
표시번호	소재지번	지목	면적	등기원인 및 기타사항
1	1. 서울특별시 강남구 역삼동 25-1 2. 서울특별시 강남구 역삼동 26	대 대	$2500m^2$ $2600m^2$	2003년 6월 5일

[표제부]	(전유부분의 건물의 표시)			
표시번호	접수	건물번호	건물내역	등기원인 및 기타사항
1	2003년 6월 5일	제1층 제101호	철근콘크리트 $99m^2$	도면편철장 제5책 제90면

(대지권의 표시)			
표시번호	대지권종류	대지권비율	등기원인 및 기타사항
1	1. 소유권대지권 2. 임차권대지권	1000분의 12 1000분의 12	2003년 6월 5일 대지권 2003년 6월 5일 대지권 2003년 6월 5일 등기

[갑구]	(소유권에 관한 사항)			
순위번호	등기목적	접수	등기원인	권리자 및 기타사항
1	소유권보존	(생략)		소유자 서민건설
2	소유권이전	(생략)	(생략)	소유자 이재용 710315-******* 서울시 강남구 개포동 202

[을구]	(소유권 외의 권리에 관한 사항)			
순위번호	등기목적	접수	등기원인	권리자 및 기타사항
1	전세권설정	(생략)	(생략)	전세금 금 200,000,000원 범위 건물의 전부 전세권자 조세호 ******-*******
2	저당권설정	(생략)	(생략)	채권액 금 100,000,000원 저당권자 금포신협

🏠 대지권의 목적인 <u>토지등기기록</u>

[표제부]	(토지의 표시)				
표시번호	접수	소재지번	지목	면적	등기원인 및 기타사항
1	1998년 5월 15일	서울특별시 강남구 역삼동 25-1	대	2500m^2	(분할로 역삼동25에서 이기)

[갑구]	(소유권에 관한 사항)			
순위번호	등기목적	접수	등기원인	권리자 및 기타사항
2	소유권이전	1999년 6월 11일 제5183호	1999년 4월 10일 매매	소유자 왕부자
3	소유권대지권			건물표시 서울특별시 강남구 역삼동 25-1 외 1필지 지상 서민아파트 제1동 2003년 6월 5일 등기

[을구]	(소유권 외의 권리에 관한 사항)			
순위번호	등기목적	접수	등기원인	권리자 및 기타사항
1	지역권설정	2013년 3월 5일 제3005호	2013년 3월 4일 설정계약	목적 통행 범위 동측 50m^2 요역지 서울특별시 강남구 역삼동 24 도면 제2013-102호

06 | 구분건물등기의 이해

구분건물 ⇐ 구조상 독립성＋이용상 독립성＋구분행위

부동산등기법 제15조【물적 편성주의】 ① 등기부를 편성할 때에는 1필의 토지 또는 1개의 건물에 대하여 1개의 등기기록을 둔다. 다만, 1동의 건물을 구분한 건물에 있어서는 1동의 건물에 속하는 전부에 대하여 1개의 등기기록을 사용한다.

② 등기기록에는 부동산의 표시에 관한 사항을 기록하는 표제부와 소유권에 관한 사항을 기록하는 갑구(甲區) 및 소유권 외의 권리에 관한 사항을 기록하는 을구(乙區)를 둔다.

부동산등기규칙 제14조【구분건물등기기록의 양식】 ① 법 제15조 제1항 단서에 해당하는 구분건물등기기록에는 1동의 건물에 대한 표제부를 두고 전유부분마다 표제부, 갑구, 을구를 둔다.

② 제1항의 등기기록 중 1동의 건물의 표제부에는 표시번호란, 접수란, 소재지번·건물명칭 및 번호란, 건물내역란, 등기원인 및 기타사항란을 두고, 전유부분의 표제부에는 표시번호란, 접수란, 건물번호란, 건물내역란, 등기원인 및 기타사항란을 둔다. 다만, 구분한 각 건물 중 대지권이 있는 건물이 있는 경우에는 1동의 건물의 표제부에는 대지권의 목적인 토지의 표시를 위한 표시번호란, 소재지번란, 지목란, 면적란, 등기원인 및 기타사항란을 두고, 전유부분의 표제부에는 대지권의 표시를 위한 표시번호란, 대지권종류란, 대지권비율란, 등기원인 및 기타사항란을 둔다.

부동산등기법 제47조【규약상 공용부분의 등기와 규약폐지에 따른 등기】 ① 「집합건물의 소유 및 관리에 관한 법률」 제3조 제4항에 따른 공용부분(共用部分)이라는 뜻의 등기는 소유권의 등기명의인이 신청하여야 한다. 이 경우 공용부분인 건물에 소유권 외의 권리에 관한 등기가 있을 때에는 그 권리의 등기명의인의 승낙이 있어야 한다.

② 공용부분이라는 뜻을 정한 규약을 폐지한 경우에 공용부분의 취득자는 지체 없이 소유권보존등기를 신청하여야 한다.

---

1. 구분건물등기부

① 1동의 건물을 구분한 건물에 있어서는 1동의 건물에 속하는 전부에 대하여 1개의 등기기록을 사용한다.

② 구분건물등기기록에는 1동의 건물에 대한 표제부를 두고 전유부분마다 표제부, 갑구, 을구를 둔다.

③ 구분건물에 대한 등기사항증명서의 발급에 관하여는 1동의 건물의 표제부와 해당 전유부분에 관한 등기기록을 1개의 등기기록으로 본다.

2. 대지권의 등기

등기용지		대지권등기/대지권인 뜻의 등기	신청 또는 직권
건물 등기기록	1동전체표제부	대지권의 목적인 토지의 표시	신청
	전유부분표제부	대지권의 표시(대지권의 종류, 비율)	신청
토지 등기기록	갑구 또는 을구	대지권인 뜻의 등기	직권

3. 구분건물의 일체성과 분리처분금지

구 분	건물등기부	토지등기부	
		대지권이 소유권	대지권이 지상권, 전세권, 임차권
금지되는 등기	건물만 소유권이전, 저당권설정등기	토지만 소유권이전등기, 저당권설정등기	지상권, 전세권, 임차권의 이전등기, 지상권, 전세권 목적 저당권설정등기
허용되는 등기	건물만 전세권, 임차권등기	지상권, 전세권, 임차권, 지역권설정등기	소유권이전등기, 저당권설정등기

OX Check

대지권등기 후

01 건물만의 소유권이전등기는 금지된다. (○/×)

02 건물만의 전세권 · 임차권등기는 허용된다. (○/×)

03 건물만의 저당권설정등기는 금지된다. (○/×)

04 건물소유권에 대한 등기를 하였다면, 그 등기는 건물만에 한한다는 취지의 부기가 없는 한 대지권에 대하여도 동일한 효력을 가진다. (○/×)

05 건물과 대지권에 대한 저당권설정등기는 건물등기부에 기재하면 족하다. (○/×)

06 소유권 · 대지권인 경우 토지만 소유권이전등기는 금지된다. (○/×)

07 소유권 · 대지권인 경우 토지만 전세권설정등기는 허용된다. (○/×)

08 지상권 · 대지권인 경우 그 토지의 지상권이전등기는 금지된다. (○/×)

09 지상권 · 대지권인 경우 그 토지의 소유권이전등기는 허용된다. (○/×)

10 토지전세권이 대지권인 경우에 대지권이라는 뜻의 등기가 되어 있는 토지의 등기기록에는 그 전세권 목적 저당권설정등기를 할 수 없다. (○/×)

Answer 　01 ○　02 ○　03 ○　04 ○　05 ○　06 ○　07 ○　08 ○　09 ○　10 ○

20 구분건물과 대지권 등기에 관한 설명으로 옳지 <u>않은</u> 것은?

① 대지권의 등기는 건물의 등기용지 표제부에 등기하고 그 권리의 목적인 토지의 등기기록 해당구에 대지권인 뜻을 등기한다.

② 대지권은 구분건물의 소유자가 그 대지에 대하여 가지는 자기의 명의로 된 소유권·지상권 등을 말한다.

③ 대지권인 뜻의 등기를 한 때에는 그 토지의 등기기록에는 그 대지권을 목적으로 하는 저당권설정등기를 하지 못한다.

④ 대지권등기를 한 때에는 이후 권리에 관한 등기는 건물의 등기기록에만 등기하고 토지등기부에는 등기를 하지 않아도 건물등기의 효력이 토지에까지 미친다.

⑤ 구분건물의 요건을 갖춘 1동의 건물 전체를 일반건물로 등기할 수 없다.

21 구분건물의 등기에 관한 설명으로 <u>틀린</u> 것은?

① 대지권의 표시에 관한 사항은 전유부분의 등기기록 표제부에 기록하여야 한다.

② 토지전세권이 대지권인 경우에 대지권이라는 뜻의 등기가 되어 있는 토지의 등기기록에는 특별한 사정이 없는 한 저당권설정등기를 할 수 없다.

③ 대지권의 변경이 있는 경우, 구분건물의 소유권의 등기명의인은 1동의 건물에 속하는 다른 구분건물의 소유권의 등기명의인을 대위하여 대지권변경등기를 신청할 수 있다.

④ 1동의 건물에 속하는 구분건물 중 일부만에 관하여 소유권보존등기를 신청하는 경우에는 나머지 구분건물의 표시에 관한 등기를 동시에 신청하여야 한다.

⑤ 집합건물의 규약상 공용부분이라는 뜻을 정한 규약을 폐지한 경우, 그 공용부분의 취득자는 소유권이전등기를 신청하여야 한다.

Answer　**20** ⑤　**21** ②⑤

07　　신청에 의한 소유권보존등기

법 제65조 : 장(제1호), 판(제2호), 수(제3호), 특·도지사, 시장·군수·구청장(제4호)

① 대**장**에 최초의 소유자로 등록되어 있는 자 또는 그 상속인, 그 밖의 포괄승계인
  ㉠ 피상속인이 최초소유자로 등록 ⇨ 상속인 명의 보존등기 ○
  ㉡ 유증자가 최초소유자로 등록 ⇨ 포괄유증받은 자 ○, 특정유증받은 자 ×
  ㉢ 소유권이전 등록받은 자 ⇨ 보존등기 ×(최초 소유자가 아니므로)

> 단, 미등기토지의 지적공부상 '국'으로부터 소유권이전등록을 받은 경우 ⇨ 보존등기 ○

② 확정**판**결에 의하여 자기의 소유권을 증명하는 자
  ㉠ 판결 상대방은 '대장상 소유자로 등록되어 있는 자'
  ㉡ 상대방을 특정 못할 때
    ┌ 토지: 국가 상대로 판결 ○
    └ 건물: 국가(건축주, 건축허가명의인)를 상대로 판결 ×
  ㉢ 판결종류 불문(이행, 확인, 형성), 단, 보존등기신청인의 소유임을 확정하는 내용이어야 한다(판결과 동일한 효력이 있는 화해조서, 인낙조서 등 포함).
  ㉣ 당해 부동산이 보존등기신청인의 소유임을 이유로 소유권보존등기의 말소를 명한 판결 가능
  ㉤ 토지대장상 공유인 미등기토지에 대한 공유물분할의 판결 가능(다만, 이 경우에는 공유물분할의 판결에 따라 토지의 분필절차를 먼저 거친 후에 보존등기를 신청하여야 한다)

③ **수용**으로 인하여 소유권을 취득하였음을 증명하는 자

④ **특**별자치도지사, 시장·군수 또는 구청장의 확인에 의하여 소유권을 증명하는 자(건물만)

> ◈ **플러스**
> 시장의 확인에 의하여 미등기 토지의 소유자임을 증명하는 자는 소유권보존등기를 신청할 수 있다.　　　　　　　　　　　　　　　　　　　　　　　　　　　(×)

> ▶**소유권보존등기를 하는 경우**
> 1. 원시취득(단독신청)
> 2. 직권소유권보존등기 : 미등기부동산에 대한 처분제한, 임차권등기명령 등기촉탁
> 3. 규약상 공용부분인 뜻의 규약을 폐지(전유부분 취득자가 소유권보존등기를 단독신청)

확인문제

22 미등기 토지의 소유권보존등기에 관한 설명으로 옳은 것은? (다툼이 있으면 판례에 의함)

① 자치구 구청장의 확인에 의하여 자기의 소유권을 증명하는 자는 소유권보존등기를 신청할 수 있다.

② 미등기토지를 토지대장상의 소유자로부터 증여받은 자는 직접 자기명의로 소유권보존등기를 신청할 수 있다.

③ 토지대장에 최초의 소유자로 등록되어 있는 자로부터 그 토지를 포괄유증받은 자는 자기명의로 소유권보존등기를 신청할 수 있다.

④ 확정판결에 의하여 자기의 소유권을 증명하여 소유권보존등기를 신청하는 자는 신청정보의 내용으로 등기원인과 그 연월일을 제공하여야 한다.

⑤ 수용으로 인하여 소유권을 취득하였음을 증명하는 자는 자기명의로 소유권보존등기를 신청할 수 없다.

23 소유권보존등기의 내용으로 **틀린** 것은?

① 건물에 대하여 국가를 상대로 한 소유권확인판결에 의해서 자기의 소유권을 증명하는 자는 소유권보존등기를 신청할 수 있다.

② 일부지분에 대한 소유권보존등기를 신청한 경우에는 그 등기신청은 각하되어야 한다.

③ 토지에 관한 소유권보존등기의 경우, 당해 토지가 소유권보존등기신청인의 소유임을 이유로 소유권보존등기의 말소를 명한 확정판결에 의해서 자기의 소유권을 증명하는 자는 소유권보존등기를 신청할 수 있다.

④ 1동의 건물에 속하는 구분건물 중 일부만에 관하여 소유권보존등기를 신청하는 경우에는 나머지 구분건물의 표시에 관한 등기를 동시에 신청하여야 한다.

⑤ 미등기주택에 대하여 임차권등기명령에 의한 등기촉탁이 있는 경우에 등기관은 직권으로 소유권보존등기를 한 후 주택임차권등기를 하여야 한다.

24 대장은 편성되어 있으나 미등기인 부동산의 소유권보존등기에 관한 설명으로 **틀린** 것은?

① 등기관이 보존등기를 할 때에는 등기원인과 그 연월일을 기록해야 한다.

② 대장에 최초 소유자로 등록된 자의 상속인은 보존등기를 신청할 수 있다.

③ 수용으로 인하여 소유권을 취득하였음을 증명하는 자는 미등기토지에 대한 보존등기를 신청할 수 있다.

④ 군수의 확인에 의해 미등기건물에 대한 자기의 소유권을 증명하는 자는 보존등기를 신청할 수 있다.

⑤ 등기관이 미등기 토지에 관해 법원의 촉탁으로 경매개시결정 등기를 할 때에는 직권으로 소유권보존등기를 한다.

Answer   22 ③   23 ①   24 ①

08 각종 소유권이전등기

1. 토지수용으로 인한 소유권이전등기

① 사업시행자 단독신청 / 사업시행자가 관공서인 때에는 촉탁등기(인감증명 ×, 등기필정보 ×, 농지취득자격증명 ×, 토지거래허가 ×)

② **토지수용으로 인한 직권말소**

    ㉠ 소유권이전등기: 수용일 이후의 소유권이전등기는 직권말소(단, 수용일 전 상속을 원인으로 한 소유권이전등기는 제외)

    ㉡ 소유권 이외의 권리에 관한 등기: 직권말소(단, 그 부동산을 위한 지역권등기, 토지수용위원회의 재결로 인정한 권리는 제외)

2. 진정명의회복을 원인으로 하는 소유권이전등기

① **등기원인**

'진정명의회복', 등기원인일자 ×, 등기원인증명서면 ×(단, 판결에 의한 등기신청시에는 판결서를 원인증명정보로 제출)

② 농지취득자격증명 ×, 토지거래허가 ×(취득이나 거래가 아니므로), 검인 ×(계약이 아니므로)

📋 확인문제

25 토지수용으로 인한 소유권이전등기를 하는 경우, 그 토지에 있던 다음의 등기 중 등기관이 직권으로 말소할 수 <u>없는</u> 것은? (단, 수용의 개시일은 2021.4.1.임)

① 2021.2.1. 상속을 원인으로 2021.5.1.에 한 소유권이전등기
② 2021.2.7. 매매를 원인으로 2021.5.7.에 한 소유권이전등기
③ 2021.1.2. 설정계약을 원인으로 2021.1.8.에 한 근저당권설정등기
④ 2021.2.5. 설정계약을 원인으로 2021.2.8.에 한 전세권설정등기
⑤ 2021.5.8. 매매예약을 원인으로 2021.5.9.에 한 소유권이전청구권가등기

Answer   25 ①

26 소유권등기에 관한 내용으로 **틀린** 것은?

① 「민법」상 조합은 그 자체의 명의로 소유권등기를 신청할 수 없다.

② 수용에 의한 소유권이전등기를 할 경우, 그 부동산의 처분제한등기와 그 부동산을 위해 존재하는 지역권등기는 직권으로 말소할 수 없다.

③ 멸실된 건물의 소유자인 등기명의인이 멸실 후 1개월 이내에 그 건물의 멸실등기를 신청하지 않는 경우, 그 건물대지의 소유자가 대위하여 멸실등기를 신청할 수 있다.

④ 환매등기의 경우 환매권리자는 매도인에 국한 되는 것이므로 제3자를 환매권리자로 하는 환매등기는 이를 할 수 없다.

⑤ 수용에 의한 소유권이전등기 완료 후 수용재결의 실효로 그 말소등기를 신청하는 경우, 피수용자 단독으로 기업자명의의 소유권이전등기 말소등기신청을 할 수 없다.

27 소유권이전등기에 관한 설명으로 **틀린** 것은?

① 수용으로 인한 등기신청시 농지취득자격증명을 첨부할 필요가 없다.

② 등기권리자의 단독신청에 따라 수용으로 인한 소유권이전등기를 하는 경우, 등기관은 그 부동산을 위해 존재하는 지역권의 등기를 직권으로 말소해서는 안 된다.

③ 수용으로 인한 소유권이전등기신청서에 등기원인은 토지수용으로, 그 연월일은 수용의 재결일로 기재해야 한다.

④ 수용으로 인한 소유권이전등기가 된 후 토지수용위원회의 재결이 실효된 경우, 그 소유권이전등기의 말소등기는 원칙으로 공동신청에 의한다.

⑤ 토지거래허가구역 내의 토지를 매매하였으나 그 후 허가구역지정이 해제되었다면, 소유권이전등기 신청시 다시 허가구역으로 지정되었더라도 그 신청서에 토지거래허가서를 제공할 필요가 없다.

Answer   **26** ②   **27** ③

09 각론(각종 권리와 각종 등기절차)

1. 각종 권리의 필요적 사항

등기의 종류	필요적 사항	임의적 사항
소유권보존등기	신청근거조항	(주의: 등기원인과 연월일은 기재 ×)
임차권설정등기	차임, 범위	임차보증금
지상권설정등기	목적, 범위	존속기간, 지료
지역권설정등기	요역지 · 승역지, 목적, 범위	요역지에 수반하지 않는다는 특약 (지료 ×, 지역권자 ×)
전세권설정등기	전세금, 범위	존속기간, 위약금, 양도금지특약
저당권설정등기	채권액, 채무자	**변제기, 이자 및 발생기 · 지급시기,** 지급장소 등의 약정, 채무불이행 손배약정
근저당권설정등기	채권최고액, 채무자	존속기간
권리질권	채권액 또는 채권최고액, 채무자	변제기, 이자의 약정
환매특약등기	매수인이 지급한 대금, 매매비용	

2. 등기별 등기권리자와 등기의무자 구별

OX Check

01 전세권설정등기의 등기의무자는 전세권설정자이다. (○)

02 전세권말소등기의 등기의무자는 전세권설정자이다. (×)

03 저당권이전 후 저당권말소등기시 등기의무자는 저당권의 양수인이다. (○)

04 저당권말소등기의 등기권리자는 저당권설정자 또는 제3취득자이다. (○)

05 채권최고액을 증액하는 저당권변경등기의 등기권리자는 저당권자이다. (○)

06 전세기간을 단축하는 전세권변경등기의 등기권리자는 전세권자이다. (×)

07 소유권가등기에 기한 본등기시 등기의무자는 가등기 당시 소유자이다. (○)

◈ **플러스**

채무자 변경으로 인한 근저당권변경등기신청은 근저당권자가 등기권리자, 근저당권설정자가 등기의무자로서 공동신청하여야 하고, 이 경우 등기의무자의 권리에 관한 등기필증으로는 등기의무자가 소유권취득 당시 등기소로부터 교부받은 등기필증을 첨부하면 족하다. (○)

3. 지역권에 관한 등기

① 토지의 소유자 이외에 지상권자, 임차권자, 전세권자도 그 권리의 존속기간의 범위 내에서 독립하여 지역권의 등기권리자나 등기의무자가 될 수 있다(부기등기).
② 승역지 관할 등기소에 신청, 요역지등기는 직권등기
③ 승역지의 일부에 지역권등기 가능, 요역지는 전부에 관하여만 가능
④ 요역지의 소유권이 이전되면 지역권은 별도의 등기 없이 이전된다.

4. 전세권의 소멸과 전세권의 이전

> **등기선례 6-322** 전세권이 존속기간의 만료로 종료된 경우 전세권은 전세권설정등기의 말소등기 없이도 당연히 소멸하므로, 그 전세권을 목적으로 하는 근저당권은 설정할 수 없을 것이다.
>
> **부동산등기법 제73조【전세금반환채권의 일부양도에 따른 전세권 일부이전등기】** ① 등기관이 전세금반환채권의 일부양도를 원인으로 한 전세권 일부이전등기를 할 때에는 양도액을 기록한다.
> ② 제1항의 전세권 일부이전등기의 신청은 전세권의 존속기간의 만료 전에는 할 수 없다. 다만, 존속기간 만료 전이라도 해당 전세권이 소멸하였음을 증명하여 신청하는 경우에는 그러하지 아니하다.

5. 저당권

① 금전 이외 채권담보의 저당권설정등기도 가능(예 백미50가마 － 채권가액 금 500만원)
② 동일채권에 5개 이상 부동산을 담보로 한 경우 등기관은 공동담보목록 작성
③ 피담보채권의 변제기와 이자는 근저당권등기의 등기사항이 아니다. (○)
④ 근저당권의 약정된 존속기간은 등기사항이 아니다. (×) － 근저당권의 임의적 기록사항
⑤ 근저당권설정등기의 경우 그 저당권의 채권자 또는 채무자가 수인이면 각 채권자 또는 채무자별로 채권최고액을 구분하여 기록하여야 한다.(×) － 반드시 단일하게 기록(○)

> ◈ 플러스
>
> 〈임차권등기명령의 효력발생시기〉
>
> 법원사무관은 임차권등기명령의 결정이 임대인에게 송달된 때에는 지체 없이 촉탁서에 결정등본을 첨부하여 등기관에게 임차권등기의 기입을 촉탁하여야 한다(원칙적으로 송달된 때 임차권등기명령의 효력이 생김). 다만, 주택임차권등기명령의 경우 임대인에게 송달하기 전에도 임차권등기의 기입을 촉탁할 수 있다. 이 경우 임차권등기명령의 효력은 그 등기된 때에 생긴다. 즉 임차권등기명령은 임대인에게 그 결정이 송달된 때 또는 등기가 된 때에 효력이 생긴다(임차권등기명령 절차에 관한 규칙[규칙 제3103호]).

28 지상권설정등기에 관한 설명으로 **틀린** 것은?

① 지상권설정의 목적과 범위는 지상권설정등기 신청서의 필요적 기록사항이다.
② 지료는 지상권설정등기 신청정보의 임의적 정보사항이다.
③ 분필등기를 거치지 않으면 1필의 토지 일부에 관한 지상권설정등기는 할 수 없다.
④ 타인의 농지에 대하여도 지상권설정등기를 할 수 있다.
⑤ 존속기간을 불확정기간으로 하는 지상권설정등기도 할 수 있다.

29 지역권등기에 관한 설명으로 **틀린** 것은?

① 승역지에 지역권설정등기를 한 경우, 요역지의 등기기록에는 그 승역지를 기록한다.
② 요역지의 소유권이 이전되면 지역권은 별도의 등기 없이 이전된다.
③ 지역권설정등기는 승역지소유자를 등기의무자, 요역지소유자를 등기권리자로 하여 공동으로 신청함이 원칙이다.
④ 지역권의 지료는 등기원인에 약정이 있으면 등기기록에 기록하여야 한다.
⑤ 승역지의 전세권자가 지역권을 설정해 주는 경우, 그 지역권설정등기는 전세권등기에 부기등기로 한다.

30 등기관이 용익권의 등기를 하는 경우에 관한 설명으로 옳은 것은? 2023

① 1필 토지 전부에 지상권설정등기를 하는 경우, 지상권설정의 범위를 기록하지 않는다.
② 지역권의 경우, 승역지의 등기기록에 설정의 목적, 범위 등을 기록할 뿐, 요역지의 등기기록에는 지역권에 관한 등기사항을 기록하지 않는다.
③ 전세권의 존속기간이 만료된 경우, 그 전세권설정등기를 말소하지 않고 동일한 범위를 대상으로 하는 다른 전세권 설정등기를 할 수 있다.
④ 2개의 목적물에 하나의 전세권설정계약으로 등기를 하는 경우, 공동전세목록을 작성하지 않는다.
⑤ 차임이 없이 보증금의 지급만을 내용으로 하는 채권적 전세의 경우, 임차권설정등기기록에 차임 및 임차보증금을 기록하지 않는다.

Answer   **28** ③ **29** ④ **30** ④

31 전세권의 등기에 관한 설명으로 **틀린** 것은?

① 수개의 부동산에 관한 권리를 목적으로 하는 전세권설정등기를 할 수 있다.

② 공유부동산에 전세권을 설정할 경우, 그 등기기록에 기록된 공유자 전원이 등기의무자이다.

③ 등기원인에 위약금약정이 있는 경우, 등기관은 전세권설정등기를 할 때 이를 기록한다.

④ 전세권이 소멸하기 전에 전세금반환채권의 일부양도에 따른 전세권일부이전등기를 신청할 수 있다.

⑤ 전세금반환채권의 일부양도를 원인으로 한 전세권일부이전등기를 할 때 양도액을 기록한다.

32 전세권등기에 관한 설명으로 **틀린** 것은? (다툼이 있으면 판례에 따름)　　2022

① 전세권 설정등기를 하는 경우, 등기관은 전세금을 기록해야 한다.

② 전세권의 사용·수익 권능을 배제하고 채권담보만을 위해 전세권을 설정한 경우, 그 전세권설정등기는 무효이다.

③ 집합건물에 있어서 특정 전유부분의 대지권에 대하여는 전세권설정등기를 할 수가 없다.

④ 전세권의 목적인 범위가 건물의 일부로서 특정 층 전부인 경우에는 전세권설정등기 신청서에 그 층의 도면을 첨부해야 한다.

⑤ 乙 명의의 전세권등기와 그 전세권에 대한 丙 명의의 가압류가 순차로 마쳐진 甲 소유 부동산에 대하여 乙 명의의 전세권등기를 말소하라는 판결을 받았다고 하더라도 그 판결에 의하여 전세권말소등기를 신청할 때에는 丙의 승낙서 또는 丙에게 대항할 수 있는 재판의 등본을 첨부해야 한다.

Answer　31 ④　32 ④

33 각 권리의 설정등기에 따른 필요적 기록사항으로 옳은 것을 모두 고른 것은?

> ㉠ 지상권 : 설정목적과 범위, 지료
> ㉡ 지역권 : 승역지 등기기록에서 설정목적과 범위, 요역지
> ㉢ 전세권 : 전세금과 설정범위
> ㉣ 임차권 : 차임과 존속기간
> ㉤ 저당권 : 채권액과 변제기

① ㉠　　　　　　② ㉡, ㉢　　　　　　③ ㉡, ㉣, ㉤
④ ㉠, ㉢, ㉣, ㉤　　　　⑤ ㉠, ㉡, ㉢, ㉣, ㉤

34 저당권의 등기절차에 관한 설명으로 **틀린** 것은?

① 일정한 금액을 목적으로 하지 않는 채권을 담보하기 위한 저당권설정등기를 신청하는 경우, 그 채권의 평가액을 신청정보의 내용으로 등기소에 제공하여야 한다.
② 저당권의 이전등기를 신청하는 경우, 저당권이 채권과 같이 이전한다는 뜻을 신청정보의 내용으로 등기소에 제공하여야 한다.
③ 채무자와 저당권설정자가 동일한 경우에도 등기기록에 채무자를 표시하여야 한다.
④ 5개 이상의 부동산이 공동담보의 목적물로 제공되는 경우, 등기관은 공동담보목록을 작성하여야 한다.
⑤ 채무자의 성명, 주소 및 주민등록번호를 등기기록에 기록하여야 한다.

35 근저당권등기에 관한 설명으로 옳은 것은?

① 근저당권의 약정된 존속기간은 등기사항이 아니다.
② 피담보채권의 변제기는 등기사항이 아니다.
③ 지연배상액은 등기하였을 경우에 한하여 근저당권에 의해 담보된다.
④ 1번 근저당권의 채권자가 여러 명인 경우, 그 근저당권설정등기의 채권최고액은 각 채권자별로 구분하여 기재한다.
⑤ 채권자가 등기절차에 협력하지 아니한 채무자를 피고로 하여 등기절차의 이행을 명하는 확정판결을 받은 경우, 채권자는 채무자와 공동으로 근저당권설정등기를 신청하여야 한다.

10　부기등기

1. 주등기와 부기등기 원리

- 소유권이전등기, 소유권에 대한 처분제한의 등기 − 주등기
- 소유권 이외의 권리의 이전등기, 소유권 외 권리에 대한 처분제한등기 − 부기등기

- (부동산 소유권을 목적으로 하는) 저당권설정등기 − 주등기
- 지상권이나 전세권을 목적으로 하는 저당권설정등기 − 부기등기
- 저당권을 목적으로 하는 권리질권등기 − 부기등기
- 소유권 이외의 권리를 목적으로 하는 등기 − 부기등기

- 전세권설정등기 − 주등기, 전전세권등기 − 부기등기
- 전세권을 목적으로 하는 저당권설정등기 − 부기등기

- 등기명의인표시변경등기 − 부기등기
- 부동산표시변경등기 − 주등기

- 전부 회복등기 − 주등기
- 일부 회복등기 − 부기등기

- 환매특약등기 − 부기등기
- 권리소멸의 약정등기 − 부기등기
- 공유물분할금지의 약정등기 − 부기등기

- 권리변경(경정)등기 − 부기등기(단, 이해관계 있는 제3자가 있으나 그의 승낙을 받지 못한 경우는 주등기)

36 다음 부기로 하는 등기로 옳은 것은?　　　　　　2022

① 부동산멸실등기
② 공유물 분할금지의 약정등기
③ 소유권이전등기
④ 토지분필등기
⑤ 부동산의 표시변경등기 등 표제부의 등기

37 다음 중 부기등기의 방법에 의하여 등기하는 경우가 <u>아닌</u> 것은?

① 전세권을 목적으로 하는 저당권설정등기
② 권리질권등기
③ 부동산표시변경등기
④ 환매특약등기
⑤ 가등기상의 권리의 이전등기

38 등기상 이해관계 있는 제3자의 승낙이 없으면 부기등기가 아닌 주등기로 해야 하는 것은?

① 소유자가 주소를 변경하는 등기명의인 표시의 변경등기
② 근저당권을 甲에서 乙로 이전하는 근저당권이전등기
③ 전세금을 9천만원에서 1억원으로 증액하는 전세권변경등기
④ 등기원인에 권리의 소멸에 관한 약정이 있을 경우, 그 약정에 관한 등기
⑤ 질권의 효력을 저당권에 미치도록 하는 권리질권의 등기

39 주등기의 방식으로 하는 등기는?　　　　　　2025

① 환매특약의 등기
② 지상권의 이전등기
③ 공유물 분할금지의 약정등기
④ 전세권을 목적으로 하는 저당권의 이전등기
⑤ 등기의 전부가 말소된 경우 그 전부에 대한 회복등기

Answer　　36 ②　37 ③　38 ③　39 ⑤

MEMO

MEMO

🏠 토지대장 견본

고유번호	4157010100 − 10600 − 0000		**토지대장**	도면번호	8	
토지소재	경기도 김포시 북변동			장번호	1-1	
지번	600 축척	1 : 1200		비고		

<table>
<tr><td colspan="3" align="center">토지표시</td><td colspan="4" align="center">소유자</td></tr>
<tr><td rowspan="2">지목</td><td rowspan="2">면적(m²)</td><td rowspan="2">사유</td><td colspan="1" align="center">변동일자</td><td colspan="3" align="center">주소</td></tr>
<tr><td>변동원인</td><td>성명 또는 명칭</td><td colspan="2">등록번호</td></tr>
<tr><td rowspan="2">(01)
전</td><td rowspan="2">1960</td><td rowspan="2">(40)2005년 05월 13일
지목변경</td><td>2013년
03월 14일</td><td colspan="3">김포대로 926번길 88-36, 701동 901호
(북변동, 풍년마을)</td></tr>
<tr><td>(04)주소변경</td><td>오재미</td><td colspan="2">530310-1******</td></tr>
<tr><td></td><td></td><td align="center">--- 이하 여백 ---</td><td></td><td colspan="3" align="center">--- 이하 여백 ---</td></tr>
</table>

등급수정 연월일	1984.7.1. 수정	1986.8.1. 수정	1989.5.1. 수정	1991.1.1. 수정	1991.6.1. 수정	1992.1.1. 수정	1993.1.1. 수정	1994.1.1. 수정
토지등급 (기준수확량등급)	112 ( )	115 ( )	117 ( )	122 ( )	126 ( )	130 ( )	133 ( )	136 ( )
개별공시지가 기준일	2010년 1월 1일	2011년 1월 1일	2012년 1월 1일	2013년 1월 1일	2014년 1월 1일	2015년 1월 1일	2016년 1월 1일	용도지역 등
개별공시지가 (원/m²)	133000	144000	160000	176000	181900	187000	192500	

토지대장에 의하여 작성한 등본입니다.

2016년 10월 27일

경기도 김포시장

* 위 견본은 실제 양식과 차이가 있을 수 있으며, 학습목적으로 가공된 것으로서 모두 실제 내용이 아닙니다.

고유번호	4374034028 − 20123 − 0002		임야대장	도면번호	2		
토지소재	충청북도 영동군 매곡면 어촌리			장번호	1-1		
지번	산 123 − 2	축척 1 : 6000		비고			

토지표시				소유자		
지목	면적(m²)	사유		변동일자	주소	
				변동원인	성명 또는 명칭	등록번호
(05) 임야	3948	(21) 1996년 10월 4일 산 123번에서 분할		1970년 7월 7일	서울시 은평구 웅암동 123	
				(02) 소유권보존	김철수	430728 − 1*
		-- 이하 여백 --		2018년 11월 2일	경기도 김포시 김포대로 926번길 46 701동 801호(북변동, 풍년마을)	
				(03) 소유권이전	김정환	090325 − 1*

등급수정 연월일	1994년 1월 1일 수정						
토지등급 (기준수확량등급)	56						
개별공시지가 기준일	2012년 1월 1일	2013년 1월 1일	2014년 1월 1일	2015년 1월 1일	2016년 1월 1일	2017년 1월 1일	2018년 1월 1일	용도지역 등
개별공시지가 (원/m²)	309	327	342	360	378	378	396	

임야대장에 의하여 작성한 열람본입니다.

2018년 11월 11일

충청북도 영동군수

* 위 견본은 실제 양식과 차이가 있을 수 있으며, 학습목적으로 가공된 것으로서 모두 실제 내용이 아닙니다.

🏠 지적도(일반지역)

8
13 9
10
○○군 ○○면 ○○리 지적도 ○○장 중 제○호 축척 ○○○○분의 1
■ 지적도 1/1200
249,600
31전
13답
32전
34전
88구
113도
33전
(산)
43대
35답
42전
39답
40전
36답
67전
44전
45답
37대
114도
249,200

🏠 임야도

1
2 3
○○군 ○○면 ○○리 임야도 ○○장 중 제○호 축척 ○○○○분의 1
■ 임야도 1/6000
150,000
123000
산23임
산34유
산35임
산23-1임
산36임
산25-1임
산33임
산32임
산25임
산30임
산37임
산31임
산26임
산27임
산29임
산28-1임
ㄱ. 산26-1 임
ㄴ. 산29-1 임
147,600

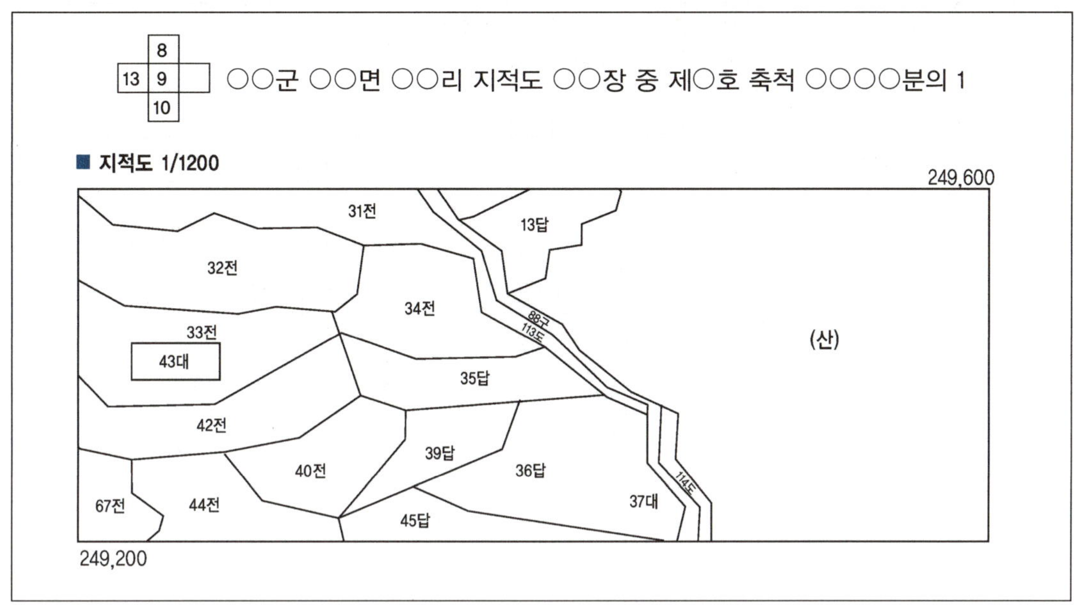

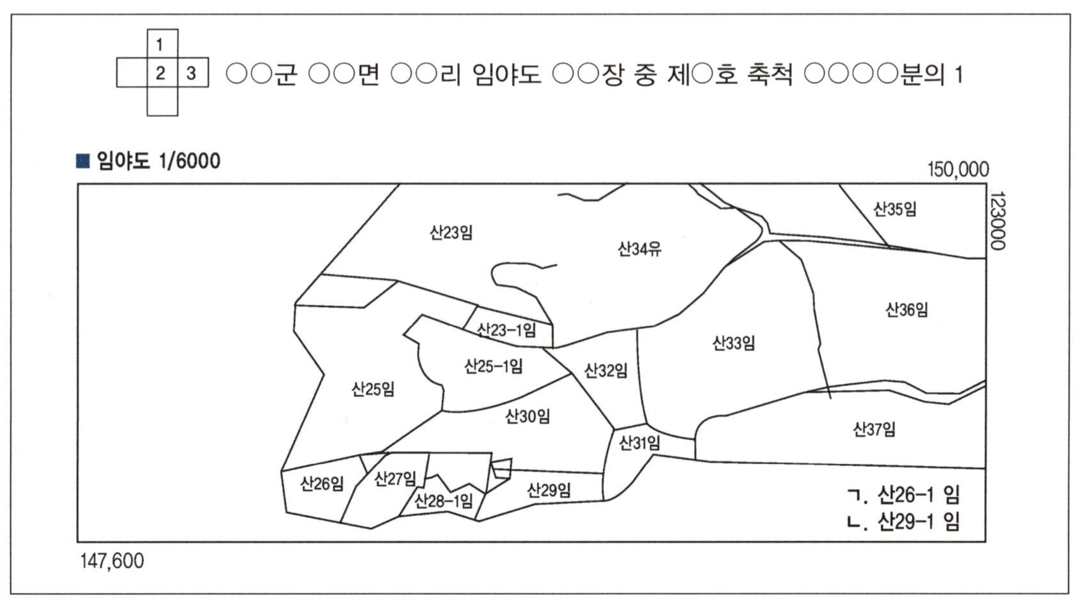

🏠 지적도(경계점좌표등록부 시행지역)

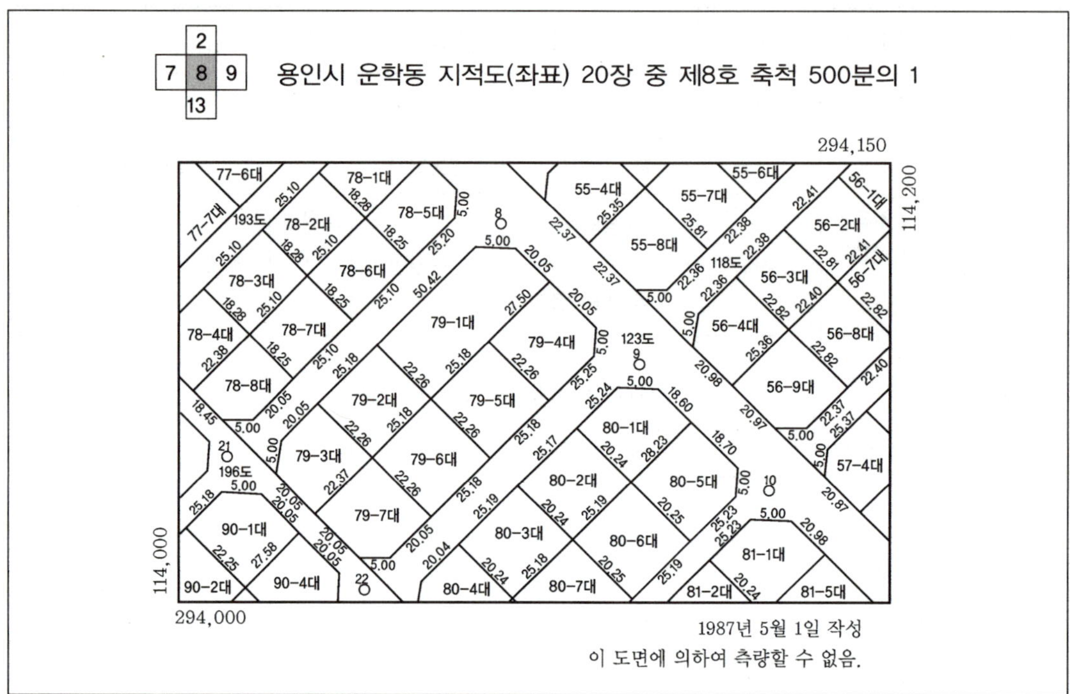

🏠 경계점좌표등록부 견본

고유번호	4157020258-30056-0004		도면번호	3
토지소재	경기도 용인시 운학동	경계점좌표등록부	장번호	1-1
지번	56-4			

경계점좌표등록부

부호	좌표 X	좌표 Y	부호	좌표 X	좌표 Y
1	4 5 8 3 7 5 2 8	1 7 3 8 5 0 2 7			
2	4 5 8 3 8 5 7 4	1 7 3 8 5 5 2 8			
3	4 5 8 3 7 8 5 2	1 7 3 8 7 1 4 5			
4	4 5 8 3 7 7 4 4	1 7 3 8 7 0 9 6			
5	4 5 8 3 6 4 6 7	1 7 3 8 6 5 2 2			
6	4 5 8 3 7 0 5 8	1 7 3 8 6 1 9 9			

* 위 견본은 실제 양식과 차이가 있을 수 있으며, 학습목적으로 가공된 것으로서 모두 실제 내용이 아닙니다.

🏠 공유지연명부 견본

고유번호	1171010200-10007-0000	공유지연명부		장번호	1
토지소재	서울특별시 송파구 신천동	지번	7	비고	

변동일자 변동원인	소유권 지분	소유자 주소	소유자 등록번호 / 성명 또는 명칭	변동일자 변동원인	소유권 지분	소유자 주소	소유자 등록번호 / 성명 또는 명칭
1999년 1월 8일 (3) 소유권이전	1/3	현대아파트 4동 11호	350530-2019137 이공주	년 월 일			
년 월 일	1/3	현대아파트 4동 15호	401010-2234713 김유민	년 월 일			
년 월 일	1/3	현대아파트 6동 13호	660515-1845716 최공명	년 월 일			
년 월 일				년 월 일			
년 월 일				년 월 일			

*위 견본은 실제 양식과 차이가 있을 수 있으며, 학습목적으로 가공된 것으로서 모두 실제 내용이 아닙니다.

🏠 대지권등록부 견본

고유번호	1171010700-10140-0000		대지권등록부	전유부분의 건물의 표시	101동 4층 401호	건물명칭	김포 아파트
토지소재	서울특별시 송파구 가락동	지번	140	대지권 비율	21.07/55641	장번호	1

지번							
대지권 비율							

변동일자	소유권 지분	소유자		변동일자	소유권 지분	소유자	
변동원인		주소	등록번호 성명 또는 명칭	변동원인		주소	등록번호 성명 또는 명칭
2001년 5월 7일		삼성아파트 203동 820호	660515-1845716 김대직	년 월 일			
년 월 일				년 월 일			
년 월 일				년 월 일			
년 월 일				년 월 일			
년 월 일				년 월 일			
년 월 일				년 월 일			

* 위 견본은 실제 양식과 차이가 있을 수 있으며, 학습목적으로 가공된 것으로서 모두 실제 내용이 아닙니다.

🏠 지적공부의 종류와 등록사항

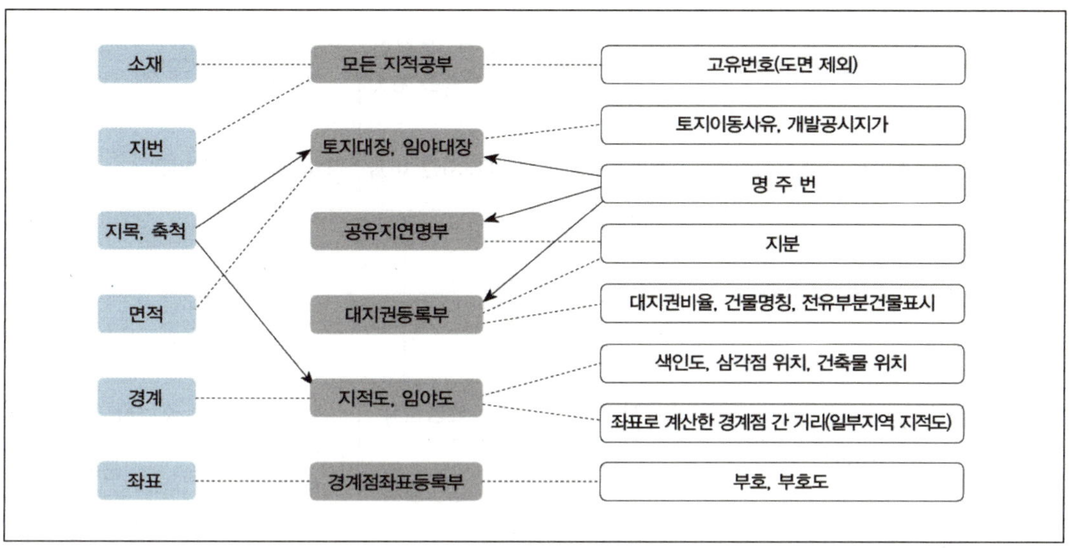

01 지적제도의 의의

1. 지적 3요소 — 토지, 등록, 지적공부

- 토지: 모든 토지 − 1필지 : (지)역 (지)목 (축)척 (소)유자 동일, 지(반)이 연속, (등)기 여부
- 등록: 등록사항 ┌ 토지의 표시(소 지 지 면 경 좌)
                  └ 소유자(명 주 번)
- 지적공부: 대장(토지·임야대장, 공유지연명부, 대지권등록부)
          도면(지적도, 임야도) − 도해지적: 이해↑, 비용↓, 정밀↓, 전국
          경계점좌표등록부   − 수치지적: 이해↓, 비용↑, 정밀↑, 일부

2. 수치지적의 특징

① 도시개발사업 시행지역(전국적 ×)

② 지적확정측량, 경위의 측량

③ 경계점좌표등록부 비치지역

④ 좌표면적계산법[➡ 전자면적측정기(도해지적)]

⑤ **해당 지역의 도면**: 좌표로 계산한 경계점간 거리를 등록, 지적도 제명 끝에 (좌표)라고 기록

⑥ 최소면적은 $0.1m^2$

확인문제

01 공간정보의 구축 및 관리 등에 관한 법령상 경계점좌표등록부를 갖춰 두는 지역의 지적공부 및 토지의 등록 등에 관한 설명으로 틀린 것은?

① 지적도에는 해당 도면의 제명 끝에 "(좌표)"라고 표시하여야 한다.

② 지적도에는 도곽선의 오른쪽 아래 끝에 "이 도면에 의하여 측량을 할 수 없음"이라고 적어야 한다.

③ 토지 면적은 제곱미터 이하 한 자리 단위로 결정하여야 한다.

④ 면적측정 방법은 전자면적측정기에 의한다.

⑤ 경계점좌표등록부를 갖춰 두는 토지는 지적확정측량 또는 축척변경을 위한 측량을 실시하여 경계점을 좌표로 등록한 지역의 토지로 한다.

02　토지의 등록

1. 토지의 조사 등록

① 국토교통부장관은 <u>모든 토지</u>에 대하여 필지마다 토지의 소재·지번·지목·면적·경계 또는 좌표 등을 조사·측량하여 지적공부에 등록하여야 한다. (○)

② 지적소관청은 관리 토지에 대하여 필지마다 토지의 소재·지번·지목·면적·경계 또는 좌표 등을 조사·측량하여 지적공부에 등록하여야 한다. (×)

③ 지적공부에 등록하는 지번·지목·면적·경계 또는 좌표는 토지의 이동이 있을 때 토지소유자의 신청을 받아 지적소관청이 결정한다. <u>다만, 신청이 없으면 지적소관청이 직권으로</u> 조사·측량하여 결정할 수 있다. (○)

④ 지적소관청은 토지소유자의 신청이 없어 <u>토지의 이동현황을 직권으로 조사·측량하</u>여 토지의 지번·지목·면적·경계 또는 좌표를 결정하려는 때에는 <u>토지이동현황</u> 조사계획을 수립하여야 한다. (○)

⑤ 지적소관청은 토지소유자의 신청이 없어 토지의 이용현황을 직권으로 조사·측량하여 토지의 지번·지목·면적·경계 또는 좌표를 결정하려는 때에는 토지이용현황조사계획을 수립하여야 한다. (×)

⑥ 지적소관청은 토지소유자의 신청이 없어 토지의 이동현황을 직권으로 조사·측량하여 토지의 지번·지목·면적·경계 또는 좌표를 결정하려는 때에는 시·도지사의 승인을 받아 토지이동현황조사계획을 수립하여야 한다. (×)

⑦ 지적소관청은 토지의 이동현황을 직권으로 조사·측량하여 토지의 지번·지목·면적·경계 또는 좌표를 결정하려는 때에는 토지이동현황 조사계획을 수립하여야 한다. 이 경우 토지이동현황 조사계획은 (㉠)별로 수립하되, 부득이한 사유가 있는 때에는 (㉡)별로 수립할 수 있다. (㉠: 시·군·구, ㉡: 읍·면·동)

02 토지의 조사·등록 등에 관한 설명으로 **틀린** 것은?

① 국토교통부장관은 모든 토지에 대하여 필지마다 토지의 소재·지번·지목·면적·경계 또는 좌표 등을 조사·측량하여 지적공부에 등록하여야 한다.

② 지적공부에 등록하는 지번·지목·면적·경계·좌표는 토지의 이동이 있을 때 토지소유자의 신청을 받아 지적소관청이 결정한다.

③ 토지소유자의 신청이 없어 지적소관청이 토지의 이동현황을 직권으로 조사·측량하여 토지의 지번·지목·면적·경계 또는 좌표를 결정하려는 때에는 토지이동현황조사계획을 수립하여야 한다.

④ 지적소관청이 토지이동현황조사계획을 수립하는 경우에는 시·도별로 수립하며 부득이 한 사유가 있는 경우에는 시·군·구별로 수립할 수 있다.

⑤ 지적소관청은 토지이동현황조사계획에 따라 토지의 이동현황을 조사한 때에는 토지이동조사부에 토지의 이동현황을 적어야 한다.

Answer   **02** ④

2. 등록사항

① 지 번

㉠ 신규등록 및 등록전환의 대상토지가 ⓐ 그 지번부여지역의 최종 지번의 토지에 인접한 경우, ⓑ 멀리 떨어져 있는 경우, ⓒ 여러 필지인 경우 그 지번부여지역의 <u>최종 본번의 다음 순번부터 본번</u>으로 하여 순차적으로 지번을 부여할 수 있다. （○）

㉡ 분할의 경우에는 분할 후의 필지 중 1필지의 지번은 분할 전의 지번으로 하고, 나머지 필지의 지번은 본번의 <u>최종 부번 다음 순번으로 부번</u>을 부여하여야 한다. （○）

㉢ 지적소관청은 지적공부에 등록된 지번을 변경할 필요가 있다고 인정하면 국토교통부장관의 승인을 받아 지번부여지역의 전부 또는 일부에 대하여 지번을 새로 부여할 수 있다. （×）

㉣ 지번부여지역의 지번을 변경할 때, 축척변경시행지역의 필지에 지번을 부여할 때, 행정구역 개편에 따라 새로 지번을 부여할 때에는 도시개발사업시행지역의 지번부여방식을 준용한다. （○）

확인문제

03 공간정보의 구축 및 관리 등에 관한 법령상 지번에 관한 설명으로 옳은 것은?

① 지번은 국토교통부장관이 시·군·구별로 차례대로 부여한다.

② 임야대장 및 임야도에 등록하는 토지의 지번은 숫자 뒤에 "산"자를 붙인다.

③ 신규등록 대상토지가 그 지번부여지역의 최종지번의 토지에 인접한 경우에는 최종 본번의 다음 순번부터 본번으로 하여 순차적으로 지번을 부여할 수 있다.

④ 분할의 경우에는 분할된 필지마다 새로운 본번을 부여한다.

⑤ 축척변경시행지역의 필지에 지번을 부여할 때에는 그 지번부여지역에서 인접토지의 본번에 부번을 붙여서 지번을 부여한다.

04 토지의 이동(異動)에 따른 지번부여방법에 관한 설명 중 틀린 것은?

① 등록전환 대상토지가 여러 필지로 되어 있는 경우 그 지번부여지역의 최종 본번의 다음 순번부터 본번으로 하여 순차적으로 지번을 부여할 수 있다.

② 분할의 경우 분할 후의 필지 중 주거·사무실 등의 건축물이 있는 필지에 대하여는 분할 전의 지번을 우선하여 부여하여야 한다.

③ 소유자는 지번을 변경하려면 지번변경 사유를 적은 승인신청서에 지번변경 대상지역의 지번·지목·면적·소유자에 대한 상세한 내용을 기재하여 시·도지사에게 제출하여야 한다.

④ 합병의 경우 합병 전의 필지에 주거·사무실 등의 건축물이 있는 경우 토지소유자의 신청을 받아 우선적으로 그 지번을 합병 후의 지번으로 부여하여야 한다.

⑤ 행정구역개편에 따라 지번을 새로이 부여하는 때에는 도시개발사업 등이 완료됨에 따라 지적확정측량을 실시한 지역 안에서의 지번부여방법을 준용한다.

Answer   03 ③   04 ③

② **지 목**(차, 장, 천, 원)

> 1. 전: 물을 상시적으로 이용하지 않고 곡물·원예작물(과수류는 제외한다)·약초·뽕나무·닥나무·묘목·관상수 등의 식물을 주로 재배하는 토지와 식용(食用)으로 죽순을 재배하는 토지
>
> 2. 답: 물을 상시적으로 직접 이용하여 벼·연(蓮)·미나리·왕골 등의 식물을 주로 재배하는 토지
>
> 3. 과수원: 사과·배·밤·호두·귤나무 등 과수류를 집단적으로 재배하는 토지와 이에 접속된 저장고 등 부속시설물의 부지. 다만, <u>주거용 건축물의 부지는 "대"로 한다.</u>
>
> 4. 목장용지: (축산업·낙농업)초지, 「축산법」상 축사부지. <u>다만, 주거용 건축물의 부지는 "대"로 한다.</u>
>
> 6. 광천지: 지하에서 온수·약수·석유류 등이 용출되는 용출구(湧出口)와 그 유지(維持)에 사용되는 부지. 다만, 온수·약수·석유류 등을 일정한 장소로 운송하는 송수관·송유관 및 저장시설의 부지는 제외한다.
>
> 11. 다음 각 목의 토지는 주차장에서 제외한다.
>   가. 「주차장법」 제2조 제1호 가목 및 다목의 규정에 의한 **노상주차장 및 부설주차장**(「주차장법」 제19조 제4항의 규정에 의하여 시설물의 부지인근에 설치된 부설주차장을 제외한다)
>   나. 자동차 등의 판매목적으로 설치된 **물류장 및 야외전시장**
>
> 12. 주유소용지: 석유, 석유제품, 액화석유가스, 전기, **수소 판매설비 부지**. 다만, 자동차·선박·기차 등의 제작 또는 정비공장 안에 설치된 급유·송유시설 등의 부지를 제외한다.
>
> 14. 도로: 일반 공중(公衆)의 교통 운수를 위하여 보행이나 차량운행에 필요한 일정한 설비 또는 형태를 갖추어 이용되는 토지, 고속도로 휴게소부지, 다만, 아파트·공장 등 단일 용도의 일정한 단지 안에 설치된 통로 등을 제외한다.
>
> 15. 철도용지: 교통 운수를 위하여 일정한 궤도 등의 설비와 형태를 갖추어 이용되는 토지와 이에 접속된 역사(驛舍)·차고·발전시설 및 공작창(工作廠) 등 부속시설물의 부지
>
> 18. 구거: 용수(用水) 또는 배수(排水)를 위하여 일정한 형태를 갖춘 인공적인 수로·둑 및 그 부속시설물의 부지와 자연의 유수(流水)가 있거나 있을 것으로 예상되는 소규모 수로부지
>
> 19. 유지: 물이 고이거나 상시적으로 물을 저장하고 있는 댐·저수지·소류지(沼溜地)·호수·연못 등의 토지와 연·왕골 등이 자생하는 배수가 잘 되지 아니하는 토지
>
> 22. 공원: 국계법상 공원 또는 녹지로 결정고시된 토지(단, 도시공원법상 묘지공원 - 묘지)

23. 체육용지 : 종합운동장 · 실내체육관 · 야구장 · 골프장 · 스키장 · 승마장 · 경륜장. **다만,** 영속성이 미흡한 정구장 · 골프연습장 · 실내수영장 및 체육도장, 요트장 및 카누장 등의 토지를 제외한다.

24. 유원지 : 일반 공중의 위락 · 휴양 등에 적합한 시설물을 종합적으로 갖춘 수영장 · 유선장(遊船場) · 낚시터 · 어린이놀이터 · 동물원 · 식물원 · 민속촌 · 경마장 · **야영장** 등의 토지

26. 사적지 : 국가유산으로 지정된 역사적인 유적 · 고적 · 기념물 등을 보존하기 위하여 구획된 토지. **다만,** 학교용지 · 공원 · 종교용지 등 다른 지목으로 된 토지 안에 있는 유적 · 고적 · 기념물 등을 보호하기 위하여 구획된 토지를 제외한다.

27. 묘지 : 사람의 시체나 유골이 매장된 토지, 도시공원법에 의한 묘지공원, 봉안시설 (단, <u>묘지의 관리를 위한 건축물의 부지는 "대"</u>)

28. 잡종지 : 갈대밭, 실외에 물건을 쌓아두는 곳, 돌을 캐내는 곳 · 흙을 파내는 곳 (**다만,** 원상회복을 조건으로 돌을 캐내는 곳 또는 흙을 파내는 곳으로 허가된 토지를 제외), 야외시장, **공항시설 · 항만시설**, 공동우물 / 변전소, 송신소, 수신소, 송유시설, 도축장, **여객자동차터미널**, 자동차운전학원 및 **폐차장** 등 자동차와 관련된 독립적인 시설물을 갖춘 부지, 쓰레기 및 오물처리장 등의 부지, 다른 지목에 속하지 아니하는 토지

🗳 확인문제

05 공간정보의 구축 및 관리 등에 관한 법령상 지목을 잡종지로 정할 수 있는 것으로만 나열한 것은? (단, 원상회복을 조건으로 돌을 캐내는 곳 또는 흙을 파내는 곳으로 허가된 토지는 제외함)

① 변전소, 송신소, 수신소 및 지하에서 석유류 등이 용출되는 용출구(湧出口)와 그 유지(維持)에 사용되는 부지

② 도축장, 쓰레기처리장, 오물처리장 및 일반 공중의 위락 · 휴양 등에 적합한 시설물을 종합적으로 갖춘 야영장 · 식물원 등의 토지

③ 갈대밭, 실외에 물건을 쌓아두는 곳, 산림 및 원야(原野)를 이루고 있는 암석지 · 자갈땅 · 모래땅 · 황무지 등의 토지

④ 공항 · 항만시설 부지 및 물건 등을 보관하거나 저장하기 위하여 독립적으로 설치된 보관시설물의 부지

⑤ 여객자동차터미널, 자동차운전학원 및 폐차장 등 자동차와 관련된 독립적인 시설물을 갖춘 부지

Answer   05 ⑤

06 지적에 관한 법령상 지목의 구분 기준에 관한 설명으로 옳은 것은?

① 석유·석유제품, 액화석유가스, 전기 또는 수소 등의 판매를 위하여 일정한 설비를 갖춘 시설물의 부지는 "공장용지"로 한다.

② 온수·약수·석유류 등을 일정한 장소로 운송하는 송수관·송유관 및 저장시설의 부지는 "광천지"로 한다.

③ 아파트·공장 등 단일 용도의 일정한 단지 안에 설치된 통로 등은 "도로"에서 제외한다.

④ 「도시공원 및 녹지 등에 관한 법률」에 따른 묘지공원으로 결정·고시된 토지는 "공원"으로 한다.

⑤ 자연의 유수가 있거나 있을 것으로 예상되는 소규모 수로부지는 "하천"으로 한다.

07 공간정보의 구축 및 관리 등에 관한 법령상 지목의 구분에 관한 설명으로 옳은 것은?

① 학교용지·공원 등 다른 지목으로 된 토지에 있는 유적·고적·기념물 등을 보호하기 위하여 구획된 토지의 지목은 "사적지"로 한다.

② 여객자동차터미널, 자동차운전학원 및 폐차장 등 자동차와 관련된 독립적인 시설물을 갖춘 부지는 "주차장"으로 한다.

③ 물이 고이거나 상시적으로 물을 저장하고 있는 댐·저수지·소류지(沼溜地) 등의 토지와 연·왕골 등을 재배하는 토지의 지목은 "유지"로 한다.

④ 물을 상시적으로 이용하지 않고 곡물·원예작물(과수류 포함) 등의 식물을 주로 재배하는 토지와 죽림지의 지목은 "전"으로 한다.

⑤ 영구적 건축물 중 박물관, 미술관 등 문화시설과 이에 접속된 정원의 부지에 관한 지목은 "대"로 한다.

Answer | 06 ③ 07 ⑤

③ **경 계**

"경계"란 필지별로 경계점들을 직선으로 연결하여 **지적공부에 등록한 선**을 말한다.

㉠ 토지의 <u>지상경계</u>는 둑, 담장이나 그 밖에 구획의 목표가 될 만한 구조물 및 경계점 표지 등으로 표시한다.

㉡ 지상경계설정기준

> ⓐ <u>지상경계</u>의 결정기준은 다음 각 호의 구분에 따른다.
>
> 　가. 연접되는 토지 간에 높낮이 차이가 <u>없는</u> 경우: 그 구조물 등의 중앙
>
> 　나. 연접되는 토지 간에 높낮이 차이가 <u>있는</u> 경우: 그 구조물 등의 하단부
>
> 　다. 도로 · 구거 등의 토지에 <u>절토</u>(切土)된 부분이 있는 경우: 그 경사면의 <u>상</u>단부
>
> 　라. 토지가 해면 또는 수면에 접하는 경우: 최대만조위 또는 최대만수위가 되는 선
>
> 　마. 공유수면매립지의 토지 중 제방 등을 토지에 편입하여 등록하는 경우: 바깥쪽 어깨부분
>
> ⓑ 지상경계의 구획을 형성하는 구조물 등의 <u>소유자가 다른 경우</u>에는 위 ⓐ의 가, 나, 다의 규정에도 불구하고 그 <u>소유권에 따라 지상경계를 결정</u>한다.

㉢ 지상경계점등록부의 등록사항

> ⓐ 지적소관청은 토지의 이동에 따라 지상경계를 새로 정한 경우에는 국토교통부령으로 정하는 바에 따라 지상경계점등록부를 작성 · 관리하여야 한다.
>
> ⓑ 등록사항
>
> 　가. 토지의 소재
>
> 　나. 지 번
>
> 　다. 경계점 좌표(경계점좌표등록부 시행지역에 한정한다)
>
> 　라. 경계점위치 설명도
>
> 　마. 경계점의 <u>사진파일</u>
>
> 　바. 공부상 지목과 실제 토지이용지목
>
> 　사. 경계점표지의 종류 및 경계점 위치

OX Check

> **01** 지적확정측량의 경계는 사업계획도대로 결정하되, 공사가 완료된 현황이 사업계획도와 다를 때에는 미리 지적측량수행자에게 그 사실을 통지하여야 한다. (×)
>
> **02** 지적확정측량의 경계는 공사가 완료된 현황대로 결정하되, 공사가 완료된 현황이 사업계획도와 다를 때에는 미리 사업시행자에게 그 사실을 통지하여야 한다. (○)

08 공간정보의 구축 및 관리 등에 관한 법령상 지상경계의 구분 및 결정기준 등에 관한 설명으로 **틀린** 것은?

① 토지의 지상경계는 둑, 담장이나 그 밖에 구획의 목표가 될 만한 구조물 및 경계점표지 등으로 구분한다.

② 지적소관청은 토지의 이동에 따라 지상경계를 새로 정한 경우에는 경계점위치설명도 등을 등록한 지상경계점등록부를 작성·관리하여야 한다.

③ 지적공부에 등록된 경계점을 지상에 복원하는 경우에는 지상경계점등록부를 작성·관리하여야 한다.

④ 지상경계의 구획을 형성하는 구조물 등의 소유자가 다른 경우에는 그 소유권에 따라 지상경계를 결정한다.

⑤ 공유수면매립지의 토지 중 제방 등을 토지에 편입하여 등록하는 경우 바깥쪽 어깨부분을 지상경계의 결정기준으로 한다.

09 공간정보의 구축 및 관리 등에 관한 법령상 지상경계점등록부의 등록사항으로 **옳은** 것은?

① 경계점표지의 설치사유　　　　② 경계점의 설치비용
③ 경계점표지의 보존기간　　　　④ 경계점의 사진파일
⑤ 경계점표지의 제조 연월일

10 공간정보의 구축 및 관리 등에 관한 법령상 지상경계점등록부의 등록사항으로 **틀린** 것은?

① 토지의 소재
② 공부상 지목과 실제 토지이용 지목
③ 경계점표지의 종류 및 경계점 위치
④ 경계점의 사진 파일
⑤ 지적도면의 번호

Answer　08 ③　09 ④　10 ⑤

④ **면 적**

　㉠ 면적측정을 하지 않는 경우 : 합병, 지목변경, 경계복원측량, 지적현황측량, 소유자변경

　㉡ 도시개발사업시행지역과 1/600 축척 지역은 최소 면적 0.1제곱미터

　㉢ 토지합병을 하는 경우의 면적결정은 합병 전의 각 필지의 면적을 새로 측량하여 합산한 면적으로 한다. (×)

확인문제

11 공간정보의 구축 및 관리 등에 관한 법령상 토지의 등록 등에 관한 설명으로 옳은 것은?

① 지적공부에 등록하는 지번·지목·면적·경계 또는 좌표는 토지의 이동이 있을 때 토지소유자의 신청을 받아 국토교통부장관이 결정하되, 신청이 없으면 지적소관청이 직권으로 조사·측량하여 결정할 수 있다.

② 지적소관청은 토지의 이용현황을 직권으로 조사·측량하여 토지의 지번·지목·면적·경계 또는 좌표를 결정하려는 때에는 토지이용계획을 수립하여야 한다.

③ 토지소유자가 지번을 변경하려면 지번변경 사유와 지번변경 대상토지의 지번·지목·면적에 대한 상세한 내용을 기재하여 지적소관청에 신청하여야 한다.

④ 지적소관청은 토지가 일시적 또는 임시적인 용도로 사용되는 경우로서 토지소유자의 신청이 있는 경우에는 지목을 변경할 수 있다.

⑤ 지적도의 축척이 600분의 1인 지역과 경계점좌표등록부에 등록하는 지역의 1필지 면적이 0.1제곱미터 미만일 때에는 0.1제곱미터로 한다.

12 공간정보의 구축 및 관리 등에 관한 법령상 지적도의 축척이 600분의 1인 지역에서 신규등록할 1필지의 측정 면적이 928.651m²인 경우 토지대장에 등록할 면적은?
(단, 다른 조건은 고려하지 않음)　　　2025

① 928m²　　　② 928.6m²

③ 928.65m²　　　④ 928.7m²

⑤ 929m²

Answer　**11** ⑤　**12** ④

도면의 축척	등록면적단위(최소면적)	끝수의 처리
• 경계점좌표등록부 비치지역(주로 1/500) • 1/600	0.1m² (측정면적이 0.1m² 미만인 경우 0.1m²로 등록)	0.05 미만 - 버림 0.05일 때 • 앞자리수가 0, 짝수 - 버림 • 앞자리수가 홀수 - 올림 0.05 초과 - 올림

03 지적공부

1. 지적공부의 종류와 등록사항

구 분		지적공부의 종류	주요 등록사항	등록 ×
지적 공부	대 장	토지대장·임야대장	(소지지면), (고장축도), (개변명사유)	경계, 좌표, 위치
		공유지연명부	(소지고장 변명분)	
		대지권등록부	(소지고장 변명분) (건 전 율)	
	도 면	지적도·임야도	(소지지경축), (곽거치 치제색)	**명주번, 면적**, 고유번 호, 좌표, 일람도 등
	대장 형식 도면	경계점좌표등록부	(소지고장 부좌도)	**명주번, 면적**, 경계, 지목
		정보처리시스템을 통하여 기록·저장된 것 포함		

* 소지 - 소재와 지번, 고 - 고유번호, 장 - 장번호, 경 - 경계, 축 - 축척, 부 - 부호 및 부호도, 도 - 도면번호, 변명 - 소유자의 성명, 주소, 등록번호 + 소유자가 변경된 날과 그 원인, 개 - 개별공시지가, 사유 - 토지이동사유, 건 - 건물명칭, 전 - 전유부분건물표시, 율 - 대지권의비율, 곽 - 도곽선과 그 수치, 거 - 좌표로 계산한 경계점간의 거리, 치치 - 건축물 및 구조물 등의 위치, 삼각점 및 지적기준점의 위치, 제 - 제명, 색 - 색인도

확인문제

13 공간정보의 구축 및 관리 등에 관한 법령상 대지권등록부의 등록사항만으로 나열된 것으로 가장 올바른 것은?

① 지번, 지목, 소유권변동원인과 일자
② 토지의 소재, 토지의 고유번호, 도면번호
③ 대지권 비율, 전유부분(專有部分)의 건물표시, 면적
④ 소유권 지분, 토지소유자가 변경된 날과 그 원인, 건물의 좌표
⑤ 건물의 명칭, 집합건물별 대지권등록부의 장번호, 소유권지분

14 공간정보의 구축 및 관리 등에 관한 법령상 대지권등록부와 경계점좌표등록부의 공통 등록사항을 모두 고른 것은?

2023

㉠ 지번	㉡ 소유자의 성명 또는 명칭
㉢ 토지의 소재	㉣ 토지의 고유번호
㉤ 지적도면의 번호	

① ㉠, ㉢, ㉣
② ㉢, ㉣, ㉤
③ ㉠, ㉡, ㉢, ㉣
④ ㉠, ㉡, ㉢, ㉤
⑤ ㉠, ㉡, ㉣, ㉤

15 공간정보의 구축 및 관리 등에 관한 법령상 토지대장과 공유지연명부의 공통 등록사항을 모두 고른 것은?

2025

㉠ 지번
㉡ 토지의 이동사유
㉢ 토지의 고유번호
㉣ 소유자의 성명 또는 명칭, 주소 및 주민등록번호(국가, 지방자치단체, 법인, 법인 아닌 사단이나 재단 및 외국인의 경우에는 「부동산등기법」 제49조에 따라 부여된 등록번호)

Answer **13** ⑤ **14** ① **15** ㉠㉢㉣

16 공간정보의 구축 및 관리 등에 관한 법령상 지적공부와 등록사항의 연결이 **틀린** 것은?
① 토지대장 – 토지의 소재, 토지의 고유번호
② 임야대장 – 토지이동사유, 개별공시지가와 그 기준일
③ 지적도 – 경계, 건축물 및 구조물 등의 위치
④ 공유지연명부 – 소유권지분, 전유부분의 건물표시, 토지소유자가 변경된 날과 그 원인
⑤ 대지권등록부 – 소유권지분, 대지권 비율, 건물의 명칭

17 공간정보의 구축 및 관리 등에 관한 법령상 지적공부와 등록사항의 연결이 옳은 것은?
① 토지대장 – 지목, 면적, 경계
② 경계점좌표등록부 – 지번, 토지의 고유번호, 지적도면의 번호
③ 공유지연명부 – 지번, 지목, 소유권지분
④ 대지권등록부 – 좌표, 건물의 명칭, 대지권 비율
⑤ 지적도 – 삼각점 및 지적기준점의 위치, 도곽선과 그 수치, 부호 및 부호도

Answer	16 ④ 17 ②

2. 장부의 관리 및 전산자료이용

지적공부	지적소관청이 지적서고에 영구보존	예외적 반출 ㉠ 천재, 지변 그 밖에 준하는 사유 ㉡ 시·도지사 또는 대도시 시장의 승인	해당 소관청에 열람, 증명서 발급신청
정보처리 시스템을 통하여 기록저장	시·도지사, 시장·군수 또는 구청장이 지적전산 정보시스템에 영구보존	멸실 훼손대비 복제관리 시스템 구축 : 국토교통부장관	특별자치시장, 시장·군수 또는 구청장이나 읍·면·동의 장에게 열람 증명서 발급 신청 가능 (시·도지사에 신청×)
부동산 종합공부	지적소관청이 부동산의 효율적 이용과 부동산과 관련된 정보의 종합적 관리 운영을 위하여 관리 운영	멸실 또는 훼손에 대비하여 이를 별도로 복제하여 관리하는 정보관리체계를 구축 : 지적소관청	지적소관청이나 읍·면·동의 장에게 열람 증명서 발급 신청 가능 (시·도지사에 신청×)

* 멸실·훼손시 복구 : 지적서고의 지적공부는 지적소관청이, 정보처리시스템에 기록된 지적공부는 시·도지사, 시장·군수·구청장이 지체 없이 복구(토지소유자의 복구신청 ×, 승인 ×)

> ▶〈연속지적도〉(2025 대비 최근 개정사항)
> ① "연속지적도"란 지적측량을 하지 아니하고 전산화된 지적도 및 임야도 파일을 이용하여, 도면상 경계점들을 연결하여 작성한 도면으로서 측량에 활용할 수 없는 도면을 말한다(연속지적도작성을 위한 지적측량 ×).
> ② <u>국토교통부장관</u>은 연속지적도의 관리 및 정비에 관한 정책을 수립·시행하여야 한다(지적소관청 ×).
> ③ <u>지적소관청</u>은 지적도·임야도에 등록된 사항에 대하여 토지의 이동 또는 오류사항을 정비한 때에는 이를 연속지적도에 반영하여야 한다(국토교통부장관 ×).
> ④ 국토교통부장관은 지적소관청의 연속지적도 정비에 필요한 <u>경비</u>의 전부 또는 일부를 <u>지원</u>할 수 있다.
> ⑤ 국토교통부장관은 연속지적도를 체계적으로 관리하기 위하여 대통령령으로 정하는 바에 따라 연속지적도 정보관리체계를 구축·운영할 수 있다.

🗨 확인문제

18 공간정보의 구축 및 관리 등에 관한 법령상 지적공부의 관리 등에 관한 설명으로 **틀린** 것은?

① 지적공부를 정보처리시스템을 통하여 기록·저장한 경우 관할 시·도지사, 시장·군수 또는 구청장은 그 지적공부를 지적정보관리체계에 영구히 보존하여야 한다.

② 지적소관청은 해당 청사에 지적서고를 설치하고 그 곳에 지적공부(정보처리시스템을 통하여 기록·저장한 경우는 제외한다)를 영구히 보존하여야 한다.

③ 지적서고는 지적사무를 처리하는 사무실과 연접(連接)하여 설치하여야 한다.

④ 지적소관청은 천재지변이나 그 밖에 이에 준하는 재난을 피하기 위하여 필요한 경우에는 지적공부를 해당 청사 밖으로 반출할 수 있다.

⑤ 지적소관청은 지적공부의 전부 또는 일부가 멸실되거나 훼손되어 이를 복구하고자 하는 경우에는 시·도지사의 승인을 받아야 한다.

Answer 18 ⑤

19 공간정보의 구축 및 관리 등에 관한 법령상 연속지적도의 관리 등에 관한 설명으로
옳은 것은?

2025

① 지적소관청은 연속지적도의 관리 및 정비에 관한 정책을 수립·시행하여야 한다.
② 지적소관청은 지적도·임야도에 등록된 사항에 대하여 토지의 이동 또는 오류
사항을 정비한 때에는 이를 연속 지적도에 반영하여야 한다.
③ 시·도지사는 지적소관청의 연속지적도 정비에 필요한 경비의 전부 또는 일부
를 지원하여야 한다.
④ 시·도지사는 연속지적도를 체계적으로 관리하기 위하여 연속지적도 정보관
리체계를 구축·운영하여야 한다.
⑤ 시·도지사는 연속지적도 정보관리체계의 구축·운영에 관한 업무를 한국국
토정보공사에 위탁하여야 한다.

Answer　**19** ②

3. 부동산종합공부의 의의와 등록사항

① **관리 및 운영**

  <u>지적소관청</u>은 부동산의 효율적 이용과 부동산과 관련된 정보의 종합적 관리·운영을 위하
  여 부동산종합공부를 관리·운영한다(<u>지적소관청</u>이 멸실·훼손 대비 <u>복제 관리</u> 체계구축).

② **등록사항**

  ㉠ **토**지의 표시와 소유자에 관한 사항:「공간정보의 구축 및 관리 등에 관한 법률」에
    따른 지적공부의 내용

  ㉡ **건**축물의 표시와 소유자에 관한 사항(토지에 건축물이 있는 경우만 해당한다):
    「건축법」제38조에 따른 건축물대장의 내용

  ㉢ 부동산의 **가**격에 관한 사항:「부동산 가격공시 및 감정평가에 관한 법률」제11조
    에 따른 개별공시지가, 같은 법 제16조 및 제17조에 따른 개별주택가격 및 공동주
    택가격공시내용

  ㉣ 토지의 **이용** 및 규제에 관한 사항:「토지이용규제 기본법」제10조에 따른 토지이
    용계획확인서의 내용

  ㉤ 그 밖에 부동산의 효율적 이용과 부동산과 관련된 정보의 종합적 관리·운영을 위
    하여 필요한 사항으로서 대통령령으로 정하는 사항:「부동산등기법」제48조에 따른
    부동산의 권리에 관한 사항 − 토지적성평가서내용(×), 부동산보상 가격 내용(×)

③ **부동산종합공부의 공개**

  ㉠ 부동산종합공부를 열람하거나 부동산종합공부 기록사항의 전부 또는 일부에 관한 증
    명서를 발급받으려는 자는 지적소관청이나 읍·면·동의 장에게 신청할 수 있다.(○)

  ㉡ 부동산종합공부를 열람하려는 자는 지적소관청이나 읍·면·동의 장에게 신청할
    수 있으며, 부동산종합공부 기록사항의 전부 또는 일부에 관한 증명서를 발급받으
    려는 자는 시·도지사에게 신청하여야 한다.(×) 제32회

20 공간정보의 구축 및 관리 등에 관한 법령상 부동산종합공부의 관리 및 운영 등에 관한 설명으로 **틀린** 것은?

2025

① 지적소관청은 부동산종합공부에 토지적성평가 확인서의 내용을 등록하여야 한다.

② 지적소관청은 부동산종합공부의 멸실 또는 훼손에 대비하여 이를 별도로 복제하여 관리하는 정보관리체계를 구축하여야 한다.

③ 부동산종합공부의 등록사항을 관리하는 기관의 장은 지적소관청에 상시적으로 관련 정보를 제공하여야 한다.

④ 지적소관청은 부동산의 효율적 이용과 부동산과 관련된 정보의 종합적 관리 · 운영을 위하여 부동산종합공부를 관리 · 운영한다.

⑤ 부동산종합공부 기록사항의 전부 또는 일부에 관한 증명서를 발급받으려는 자는 지적소관청이나 읍 · 면 · 동의 장에게 신청할 수 있다.

Answer **20** ①

4. 지적공부의 복구

① **복구자료**

㉠ 토지의 표시에 관한 사항: 가장 적합하다고 인정되는 관련 자료

> (지적공부등본, 측량결과도, 토지이동정리결의서, 토지(건물) 등기사항증명서 등
> 등기사실을 증명하는 서류, 지적소관청이 발행한 증명내용, 정보처리시스템으로
> 복제된 지적공부, 법원의 확정판결)

　－ 지적측량수행계획서 ×, 토지이용계획확인서 ×, 측량준비도 ×, 개별공시지가 자료 ×, 지적측량의뢰서 ×

㉡ 소유자에 관한 사항: 부동산등기부나 법원의 확정판결에 의하여 복구하여야 한다.

② **복구절차**

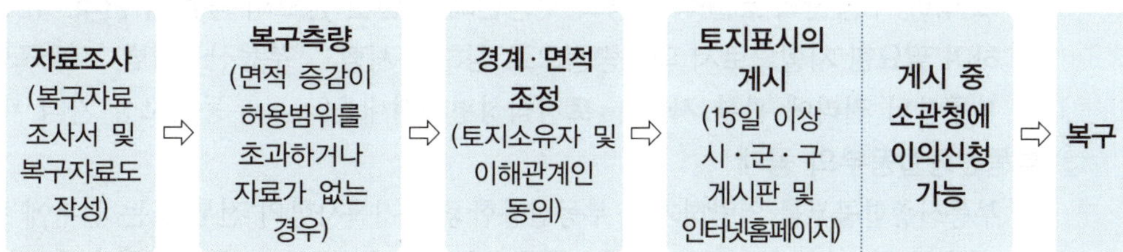

21 공간정보의 구축 및 관리 등에 관한 법령상 지적공부(정보처리시스템을 통하여 기록·저장한 경우는 제외)의 복구에 관한 설명으로 **틀린** 것은?

① 지적소관청은 지적공부의 전부 또는 일부가 멸실되거나 훼손된 경우에는 지체 없이 이를 복구하여야 한다.

② 지적공부를 복구할 때 소유자에 관한 사항은 부동산등기부나 법원의 확정판결에 따라 복구하여야 한다.

③ 토지이동정리 결의서는 지적공부의 복구에 관한 관계 자료에 해당한다.

④ 복구자료도에 따라 측정한 면적과 지적복구자료 조사서의 조사된 면적의 증감이 허용범위를 초과하는 경우에는 복구측량을 하여야 한다.

⑤ 지적소관청이 지적공부를 복구하려는 경우에는 해당 토지의 소유자에게 지적공부의 복구신청을 하도록 통지하여야 한다.

22 공간정보의 구축 및 관리 등에 관한 법령상 지적공부의 복구에 관한 관계 자료에 해당하는 것을 모두 고른 것은?

> ㉠ 측량 결과도
> ㉡ 법원의 확정판결서 정본 또는 사본
> ㉢ 토지(건물)등기사항증명서 등 등기사실을 증명하는 서류
> ㉣ 지적소관청이 작성하거나 발행한 지적공부의 등록내용을 증명하는 서류

① ㉠, ㉡

② ㉡, ㉢

③ ㉢, ㉣

④ ㉡, ㉢, ㉣

⑤ ㉠, ㉡, ㉢, ㉣

04 | 토지의 이동신청과 지적정리

1. 토지의 이동

> ▶ 핵심정리
>
> ① 신규등록 : **판결, 준공검사, 재정경제부장관,** 그 밖에 소유권(등기사항증명서 ×), <u>등기 촉탁 ×</u>
>
> ② 등록전환 : 면적 결정 − 오차허용범위 이내 ⇨ 등록전환될 면적
> 오차허용범위 초과 ⇨ 직권정정
>
> ③ 분할 : 예외적 분할 신청의무 − 1필지 **일부의 형질변경**으로 용도가 변경된 경우
> (60일 신청 의무＋지목변경신청서)
>
> ④ 합병 : ㉠ 예외적 합병 신청의무(「**주택법」**상 공동주택부지, 공공사업)
> ㉡ 합병 제한 요건(소유,지상,전세,임차,승역, 모든 토지에 동일한 저당·신탁 외)
> ㉢ <u>측량 ×</u>
>
> ⑤ 지목변경 : 토지의 형질변경, 건축물의 용도변경, <u>측량 ×</u>
>
> ⑥ 바다로 된 토지의 등록말소 : 지적소관청의 (사전)통지를 **받은 날로부터 90일 이내에** 신청이 없으면 지적소관청이 직권으로 말소하고 소유자 및 공유수면관리청에 (사후) 통지
>
> **:: 참고 | 말소된 토지의 회복**
> <u>지적소관청은</u> 말소한 토지가 지형의 변화 등으로 다시 토지가 된 경우에는 토지로 <u>회 복등록을 할 수 있다.</u> 이 경우 그 지적측량성과 및 등록말소 당시의 지적공부 등 관계 자료에 따라야 한다.

OX Check

> **01** 지적소관청이 신규등록하는 토지의 소유자를 직접 조사하여 등록한 경우는 등기촉 탁대상이 아니다. (○)
>
> **02** 합병에 따른 경계·좌표 또는 면적은 지적측량을 하여 결정한다. (×)
>
> **03** 토지소유자는 지적공부에 등록된 1필지의 일부가 형질변경 등으로 용도가 변경된 경 우에는 용도가 변경된 날부터 60일 이내에 지적소관청에 토지의 분할을 신청하여야 한다. (○)
>
> **04** 지적소관청은 바다로 된 토지의 등록말소 신청에 의하여 토지의 표시 변경에 관한 등기를 할 필요가 있는 경우에는 지체 없이 관할 등기관서에 그 등기를 촉탁하여야 한다. (○)

23 공간정보의 구축 및 관리 등에 관한 법령상 지적소관청은 토지의 이동 등으로 토지의 표시 변경에 관한 등기를 할 필요가 있는 경우에는 지체 없이 관할 등기관서에 그 등기를 촉탁하여야 한다. 이 경우 등기촉탁의 대상이 <u>아닌</u> 것은?

① 지목변경 ② 지번변경 ③ 합병
④ 축척변경 ⑤ 신규등록

24 신규등록에 관한 설명 중 옳은 것은?

① '신규등록'이라 함은 임야대장에 등록된 토지를 토지대장으로 옮겨 등록하는 것을 말한다.
② 신규등록할 토지가 있는 때에는 30일 이내 지적소관청에 신청하여야 한다.
③ 토지소유자의 신청에 의하여 신규등록을 한 경우 지적소관청은 토지표시에 관한 사항을 지체 없이 등기관서에 그 등기를 촉탁하여야 한다.
④ 공유수면매립에 의거 신규등록을 신청하는 때에는 신규등록사유를 기재한 신청서에 공유수면매립법에 의한 준공검사확인증 사본을 첨부하여 지적소관청에 제출하여야 한다.
⑤ 신규등록 신청시 첨부하여야 하는 서류를 그 지적소관청이 관리하는 경우에는 국토교통부장관의 확인으로써 그 서류의 제출에 갈음할 수 있다.

25 토지의 이동신청에 관한 설명으로 <u>틀린</u> 것은?

① 소유권이전, 매매를 위하여 분할을 신청할 때 관계 법령에 따라 해당 토지에 대한 분할이 개발행위허가 등 대상인 경우에는 허가 등을 받은 이후에 분할을 신청할 수 있다.
② 토지소유자는 도로, 제방, 하천, 구거, 유지의 토지로서 합병하여야 할 토지가 있으면 그 사유가 발생한 날부터 60일 이내에 지적소관청에 합병을 신청하여야 한다.
③ 「산지관리법」에 따른 산지전용허가·신고 또는 그 밖의 관계 법령에 따른 개발행위허가 등을 받은 경우는 등록전환대상에 해당한다.
④ 토지소유자는 지적공부에 등록된 1필지의 일부가 형질변경 등으로 용도가 변경된 경우에는 용도가 변경된 날부터 60일 이내에 지적소관청에 토지의 분할을 신청하여야 한다.
⑤ 바다로 되어 말소된 토지가 지형의 변화 등으로 다시 토지가 된 경우 토지소유자는 그 사유가 발생한 날부터 90일 이내 토지의 회복등록을 지적소관청에 신청하여야 한다.

Answer 23 ⑤ 24 ④ 25 ⑤

2. 지적정리

① 토지이동의 신청

> • 원칙 : 토지소유자의 신청(신청이 없으면 지적소관청이 직권으로)
> • 예외 : ⓐ 특례(도시개발사업 시행자의 신청)와 ⓑ 대위신청(공주국채)

㉠ 「도시개발법」에 따른 도시개발사업의 시행자는 그 사업의 착수·변경 또는 완료 사실의 신고를 그 사유가 발생한 날부터 15일 이내에 시·도지사에게 하여야 한다. (×)

㉡ 도시개발사업 등의 사업의 착수 또는 변경의 신고가 된 토지의 소유자가 해당 토지의 이동을 원하는 경우에는 해당 사업의 시행자에게 그 토지의 이동을 신청하도록 요청하여야 한다. (○)

㉢ 「농어촌정비법」에 따른 농어촌정비사업의 사업시행자가 지적소관청에 토지의 이동을 신청한 경우 토지의 이동은 토지의 형질변경 등의 공사가 착수(시행)된 때에 이루어진 것으로 본다. (×)

㉣ 공공사업 등으로 인하여 학교용지·도로·철도용지 등의 지목으로 되는 토지의 경우 그 사업시행자는 토지소유자가 하여야 하는 신청을 대위하여 할 수 있다.(○)

㉤ 「지적재조사에 관한 특별법」에 따른 지적재조사사업도 공간정보의 구축 및 관리 등에 관한 법령상 도시개발사업 등의 시행자가 그 사업의 착수·변경 및 완료 사실을 지적소관청에 신고하여야 하는 사업에 해당한다. 제34회, 제36회 (×)

확인문제

26 다음은 공간정보의 구축 및 관리 등에 관한 법령상 도시개발사업 등 시행지역의 토지이동 신청 특례에 관한 설명이다. (   )에 들어갈 내용으로 옳은 것은?

> • 「도시개발법」에 따른 도시개발사업, 「농어촌정비법」에 따른 농어촌정비사업 등의 사업시행자는 그 사업의 착수·변경 및 완료 사실을 (㉠)에(게) 신고하여야 한다.
> • 도시개발사업 등의 착수·변경 또는 완료 사실의 신고는 그 사유가 발생한 날부터 (㉡) 이내에 하여야 한다.

① ㉠ 시·도지사, ㉡ 15일   ② ㉠ 시·도지사, ㉡ 30일
③ ㉠ 시·도지사, ㉡ 60일   ④ ㉠ 지적소관청, ㉡ 15일
⑤ ㉠ 지적소관청, ㉡ 30일

Answer 26 ④

② **지적정리와 소유자 정리**

　ⓐ 토지표시 : 토지이동정리 결의서 ⇐ 토지이동신청서 또는 도시개발사업 등 완료신 고서 등

　ⓑ 소유권 : (　　　　　　　) 결의서 ⇐ 등기완료통지서, 등기사항증명서 등

③ **등록사항 정정**

　ⓐ 신청정정(토지소유자 ⇨ 지적소관청)

참고

• 인접토지경계변경시 : 인접토지소유자의 승낙서 필요

• 경계 또는 면적의 변경을 가져오는 경우 : 등록사항 정정측량성과도 첨부

　ⓑ 지적소관청의 직권정정 사유

> ⓐ **토지이동정리 결의서**의 내용과 다르게 정리된 경우
> ⓑ 지적도 및 임야도에 등록된 필지가 **면적의 증감 없이** 경계의 위치만 잘못된 경우
> ⓒ 1필지가 각각 다른 지적도 또는 임야도에 등록되어 있는 경우로서 지적공부에 등록된 면적과 측량한 **실제 면적은 일치하지만** 지적도 또는 임야도에 등록된 경계가 서로 접합되지 아니하여 지적도 또는 임야도에 등록된 경계를 지상의 경계에 맞추어 정정하여야 하는 토지가 발견된 경우
> ⓓ 지적공부의 작성 또는 재작성 당시 **잘못 정리**된 경우
> ⓔ **지적측량성과**와 다르게 정리된 경우
> ⓕ 지적측량적부 (재)심사에 대한 **지적위원회의 의결**에 의하여 지적공부의 등록사항을 정정하여야 하는 경우
> ⓖ 지적공부의 등록사항이 **잘못 입력**된 경우
> ⓗ 「**부동산등기법」 제90조의3 제2항의 규정에 의한 통지**(합필제한요건에 해당하는 등기가 있는 경우 합필등기 각하시 등기관은 지적공부소관청에 통지함)가 있는 경우(지적소관청 착오로 잘못 합병한 경우에 한함)
> ⓘ 면적**환산이 잘못**된 경우
> ⓙ 등록전환시 임야대장의 면적과 등록전환될 면적의 차이가 일정한 오차의 허용범위 이내인 경우에는 등록전환될 면적을 등록전환면적으로 결정하고, **허용범위를 초과하는 경우에는 임야대장의 면적 또는 임야도의 경계를 소관청이 직권으로 정정**하여야 한다(지적법 시행령 제42조 제1항 제1호 나목).

참고

지적소관청은 토지의 표시가 잘못되었음을 발견하였을 때에는 **지체 없이** 등록사항 정정에 필요한 서류와 등록사항 정정 측량성과도를 작성하고, 영 제84조 제2항에 따라 토지이동정리 결의서를 작성한 후 대장의 사유란에 "**등록사항정정 대상토지**"라고 적고, 토지소유자에게 등록사항 정정 신청을 할 수 있도록 그 사유를 통지하여야 한다. 다만, 영 제82조 제1항에 따라 지적소관청이 직권으로 정정할 수 있는 경우에는 토지소유자에게 통지를 하지 아니할 수 있다(시행규칙 제94조 제1항).

Answer 　소유자정리

ⓒ 소유자성명 주소 등 정정

:: 참고 |
- 등기된 토지: 신청 또는 직권으로 정정(등기완료통지서, 등기전산자료 등)
- 미등기 토지: 신청으로 정정(가족관계기록사항에 관한 증명서) - 직권정정 ×

확인문제

27 공간정보의 구축 및 관리 등에 관한 법령상 지적소관청은 지적공부의 등록사항에 잘못이 있음을 발견하면 직권으로 조사·측량하여 정정할 수 있다. 직권으로 조사·측량하여 정정할 수 있는 경우가 <u>아닌</u> 것은?

① 지적공부의 등록사항이 잘못 입력된 경우
② 지적측량성과와 다르게 정리된 경우
③ 지적도에 등록된 필지의 경계가 지상경계와 일치하지 않아 면적의 증감이 있는 경우
④ 지적공부의 작성 또는 재작성 당시 잘못 정리된 경우
⑤ 지방지적위원회 또는 중앙지적위원회의 의결서 사본을 받은 지적소관청이 그 내용에 따라 지적공부의 등록사항을 정정하여야 하는 경우

28 지적공부의 등록사항정정에 관한 설명으로 **틀린** 것은?

① 지적도 및 임야도에 등록된 필지가 면적의 증감 없이 경계의 위치만 잘못 등록된 경우 소관청이 직권으로 조사·측량하여 결정할 수 있다.
② 토지소유자가 경계 또는 면적의 변경을 가져오는 등록사항에 대한 정정신청을 하는 때에는 정정사유를 기재한 신청서에 등록사항 정정 측량성과도를 첨부하여 지적소관청에 제출하여야 한다.
③ 등록사항 정정 대상토지에 대한 대장을 열람하게 하거나 등본을 발급하는 때에는 '등록사항 정정 대상토지'라고 기재한 부분을 흑백의 반전으로 표시하거나 붉은색으로 기재하여야 한다.
④ 등기된 토지의 지적공부 등록사항 정정 내용이 토지의 표시에 관한 사항인 경우 등기필증, 등기완료통지서, 등기사항증명서 또는 등기관서에서 제공한 등기전산정보자료에 의하여 정정하여야 한다.
⑤ 연속지적도가 잘못 작성된 경우에는 공간정보의 구축 및 관리 등에 관한 법령상 지적소관청이 직권정정할 수 있는 사유에 해당하지 않는다.

Answer   27 ③   28 ④

3. 축척변경

🏠 축척변경

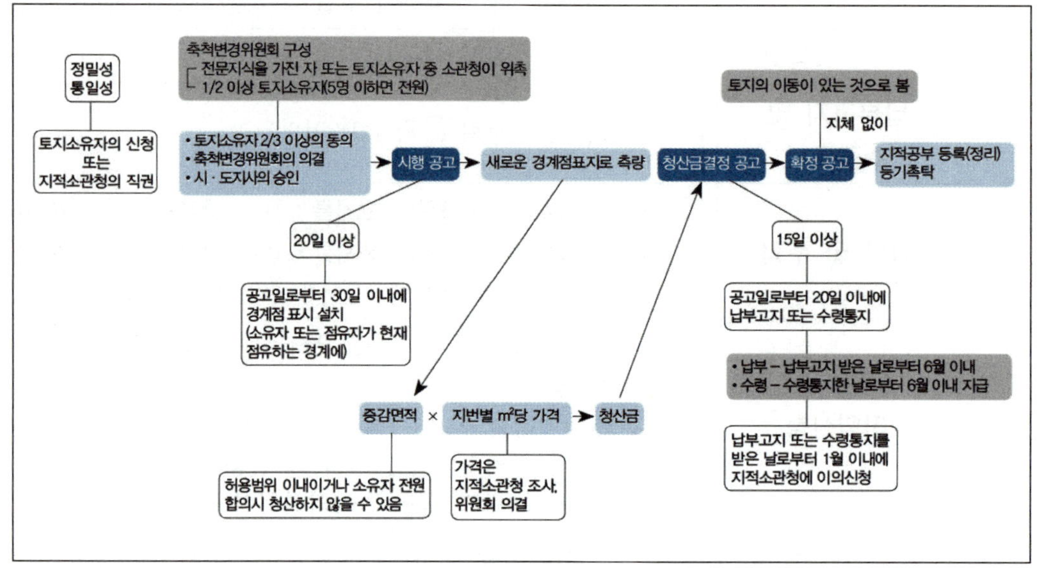

① 의 의

'지적도'의 정밀성을 높이기 위하여 축척을 변경(작 ⇨ 큰)하여 등록

② 요 건(신청 또는 직권)

소유자 2/3 이상 동의, 축척변경위원회의 의결, 시ㆍ도지사의 승인

③ 시행 공고(20일 이상)

공고일로부터 30일 이내 경계점표지 설치

④ 지번별조서

지적소관청은 축척변경에 관한 측량을 완료하였을 때에는 축척변경 시행공고일 현재의
지적공부상의 면적과 측량 후의 면적을 비교하여 그 변동사항을 표시한 지번별조서
(토지이동현황 조사서×)를 작성하여야 한다.

⑤ 청산절차

청산금 산정	⇨	(ⓐ)이 '지번별 m²당 가격'(시행공고일 현재 가격)조사 ⇨ (ⓑ)에 제출하여 의결 ⇨ 증감면적에 곱하여 산출
(ⓒ)공고	⇨	청산금조서 작성 후 (ⓓ)일 이상 공고
납부고지 및 수령통지	⇨	공고한 날로부터 (ⓔ)일 이내
납부 및 수령	⇨	납부(소유자⇨소관청): 고지를 (ⓕ) 날부터 (ⓖ)월 이내 수령(소관청⇨소유자): 통지를 (ⓗ) 날부터 (ⓘ)월 이내 [초과액 및 부족액은 (ⓙ) 수입 또는 부담으로]
이의신청	⇨	고지 또는 통지 (ⓚ) 날로부터 (ⓛ)월 이내에 (ⓜ)에 이의신청 ⇨ 이의신청을 받은 지적소관청은 1개월 이내에 축척변경위원회의 심의·의결을 거쳐 그 인용(認容)여부를 결정한 후 지체 없이 그 내용을 이의신청인에게 통지

⑥ 확정 공고(납부 및 지급이 완료되면 지체 없이) − 확정공고일에 토지의 이동이 있는 것으로 본다.

> ▶ **확정공고 포함 사항**
> 1. 토지의 소재 및 지역명   2. 축척변경 지번별조서
> 3. 청산금 조서   4. 지적도의 축척

⑦ **축척변경위원회의 구성**(5인 이상 10인 이내로 토지소유자가 2분의 1 이상)
　　위원은 (ⓝ)와 (ⓞ) 중 지적소관청이 위촉, 위원장은 위원 중 지적소관청이 지명
⑧ 토지대장은 지번별조서에 따라, 지적도는 확정측량결과도 또는 경계점좌표에 따라 등록

확인문제

29 공간정보의 구축 및 관리 등에 관한 법령상 축척변경에 관한 설명으로 틀린 것은?
(단, 축척변경 시행공고지역으로 한정함)

2025

① 축척변경에 관한 사항을 심의·의결하기 위하여 지적소관청에 축척변경위원회를 둔다.

② 축척변경위원회의 위원장은 위원 중에서 지적소관청이 지명한다.

③ 지적소관청은 청산금의 결정을 공고한 날부터 20일 이내에 토지소유자에게 청산금의 납부고지 또는 수령통지를 하여야 한다.

④ 지적소관청은 청산금의 납부 및 지급이 완료되었을 때에는 지체 없이 청산금 조서를 작성하여야 한다.

⑤ 지적소관청은 축척변경에 관한 측량을 완료하였을 때에는 시행공고일 현재의 지적공부상의 면적과 측량 후의 면적을 비교하여 그 변동사항을 표시한 축척변경 지번별 조서를 작성하여야 한다.

30 공간정보의 구축 및 관리 등에 관한 법령상 축척변경에 관한 설명이다. (   ) 안에 들어갈 내용으로 옳은 것은?

> • 지적소관청은 축척변경을 하려면 축척변경시행지역의 토지소유자 (㉠)의 동의를 받아 축척변경위원회의 의결을 거친 후 (㉡)의 승인을 받아야 한다.
> • 축척변경시행지역의 토지소유자 또는 점유자는 시행공고일부터 (㉢) 이내에 시행공고일 현재 점유하고 있는 경계에 경계점표지를 설치하여야 한다.

	㉠	㉡	㉢
①	2분의 1 이상	국토교통부장관	30일
②	2분의 1 이상	시·도지사 또는 대도시 시장	60일
③	2분의 1 이상	국토교통부장관	60일
④	3분의 2 이상	시·도지사 또는 대도시 시장	30일
⑤	3분의 2 이상	국토교통부장관	60일

Answer   **29** ④   **30** ④

▶ **소유자 변경 정리**

1. 등기필증, 등기완료통지서, 등기사항증명서 또는 등기관서에서 제공한 등기전산정보자료에 따라 정리한다. 다만, 신규등록하는 토지의 소유자는 지적소관청이 직접 조사하여 등록한다.

2. 등기부에 적혀 있는 토지의 표시가 지적공부와 일치하지 아니하면 1.에 따라 토지소유자를 정리할 수 없다. 이 경우 토지의 표시와 지적공부가 일치하지 아니하다는 사실을 관할 등기관서에 통지하여야 한다(불부합 통지, 법 제88조 제3항).

3. 지적소관청은 필요한 때에는 지적공부와 등기부의 부합 여부를 조사, 확인하여야 하고 불부합을 발견한 경우 직권으로 지적공부를 정리하거나 토지소유자(이해관계인)에게 부합에 필요한 신청을 하도록 요구할 수 있다(이때 열람 등 수수료는 무료).

🏠 지적정리

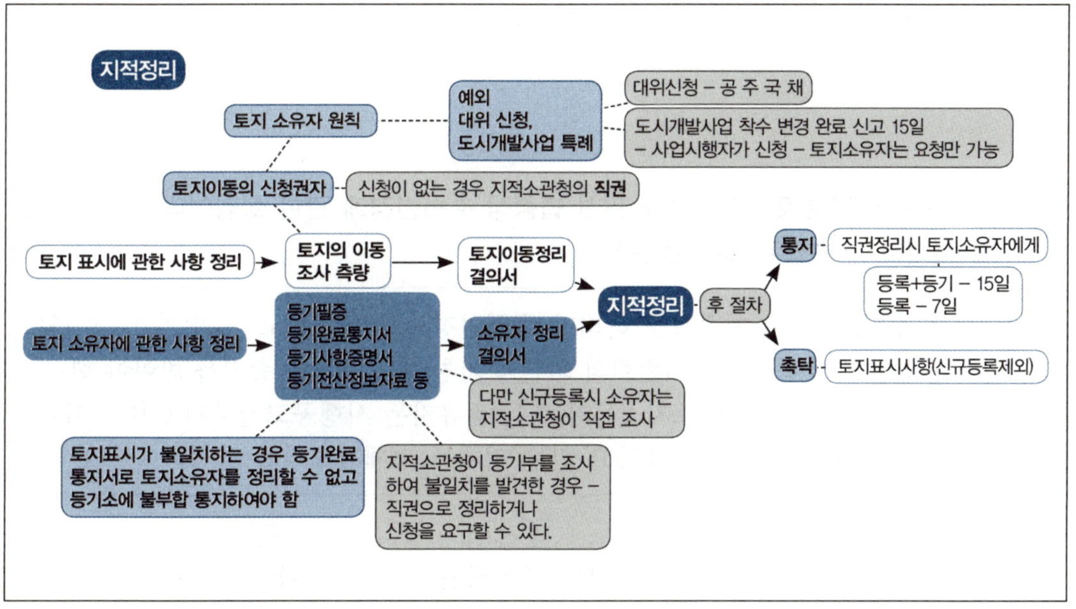

31 공간정보의 구축 및 관리 등에 관한 법령상 토지의 이동신청 및 지적정리 등에 관한 설명으로 <u>틀린</u> 것은?

① 등록전환에 따른 면적을 정할 때 임야대장의 면적과 등록전환될 면적의 차이가 오차의 허용범위 이내인 경우, 등록전환될 면적을 등록전환 면적으로 결정한다.

② 지적소관청은 지적공부의 등록사항에 토지이동정리 결의서의 내용과 다르게 정리된 경우 직권으로 조사·측량하여 정정할 수 있다.

③ 지적소관청은 토지소유자의 변동 등에 따라 지적공부를 정리하려는 경우에는 소유자정리 결의서를 작성하여야 한다.

④ 지적소관청은 토지이동(신규등록은 제외)에 따른 토지의 표시변경에 관한 등기를 할 필요가 있는 경우에는 지체 없이 관할 등기관서에 그 등기를 촉탁하여야 한다.

⑤ 지적공부에 신규등록하는 토지의 소유자에 관한 사항은 등기관서에서 등기한 것을 증명하는 등기필증, 등기완료통지서, 등기사항증명서 또는 등기관서에서 제공한 등기전산정보자료에 따라 정리한다.

④ **지적정리 후 통지**(토지소유자에게)

주소(거소)를 알 수 없는 경우 일간신문, 해당 시·군·구의 공보 또는 인터넷 홈페이지에 공고하여야 한다.

> ▶ **지적정리의 통지대상**
>
> 1. 지적소관청이 토지소유자의 신청이 없어서 토지이동이 있는 때에 직권으로 조사·측량하여 지적공부를 정리할 때
> 2. 지번부여지역 내 전부 또는 일부의 지번을 변경한 때
> 3. 행정구역 개편으로 새로이 지번을 부여한 때
> 4. 지적공부를 복구한 때
> 5. 바다로 된 토지의 등록을 직권으로 말소한 때
> 6. 지적공부의 등록사항의 오류를 직권으로 정정할 때
> 7. 도시개발사업 등에 따른 토지이동으로 사업시행자의 신청에 의하여 지적을 정리한 때
> 8. 토지이동의 대위신청에 의하여 지적을 정리한 때
> 9. 지적소관청이 토지표시변경에 대하여 등기소에 <u>등기촉탁한 때</u>

㉠ 등기를 요하는 경우 : (ⓐ   )한 날로부터 (ⓑ)일 이내

㉡ 등기를 요하지 아니하는 경우 : (ⓒ   )한 날로부터 (ⓓ)일 이내

32 공간정보의 구축 및 관리 등에 관한 법령상 지적소관청이 토지소유자에게 지적정리 등을 통지하여야 하는 시기에 대한 설명이다. ( )에 들어갈 내용으로 옳은 것은?

> • 토지의 표시에 관한 변경등기가 필요하지 아니한 경우: (㉠)에 등록한 날부터 (㉡) 이내
> • 토지의 표시에 관한 변경등기가 필요한 경우: 그 (㉢)를 접수한 날부터 (㉣) 이내

① ㉠: 등기완료의 통지서, ㉡: 15일, ㉢: 지적공부, ㉣: 7일
② ㉠: 등기완료의 통지서, ㉡: 7일, ㉢: 지적공부, ㉣: 15일
③ ㉠: 지적공부, ㉡: 7일, ㉢: 등기완료의 통지서, ㉣: 15일
④ ㉠: 지적공부, ㉡: 10일, ㉢: 등기완료의 통지서, ㉣: 15일
⑤ ㉠: 지적공부, ㉡: 15일, ㉢: 등기완료의 통지서, ㉣: 7일

33 토지의 이동 및 지적정리 등에 관한 설명으로 **틀린** 것은?

① 지적소관청이 시·도지사나 대도시 시장의 승인을 받아 지번부여지역의 일부에 대한 지번을 변경하여 지적공부에 등록한 경우 해당 토지소유자에게 통지하여야 한다.

② 지적소관청은 등록전환으로 인하여 토지의 표시에 관한 변경등기가 필요한 경우 그 변경등기를 등기관서가 접수한 날부터 15일 이내 해당 토지소유자에게 지적정리를 통지하여야 한다.

③ 지적소관청은 토지의 표시에 관한 변경등기가 필요하지 아니한 경우 지적정리의 통지는 지적공부에 등록한 날부터 7일 이내에 토지소유자에게 하여야 한다.

④ 지적소관청은 지적공부의 전부 또는 일부가 멸실되거나 훼손되어 이를 복구등록한 경우 해당 토지소유자에게 통지하여야 한다.

⑤ 지적소관청은 지적공부를 복구하였으나 지적공부 정리 내용을 통지받을 자의 주소나 거소를 알 수 없는 경우에는 일간신문, 해당 시·군·구의 공보 또는 인터넷홈페이지에 공고하여야 한다.

Answer   32 ③   33 ②

⑤ **등기촉탁**: 소유자 변경의 경우와 (ⓔ)의 경우에는 등기촉탁하지 않음

⊟ 확인문제

34 지적법령에 규정된 등기촉탁에 대한 설명 중 **틀린** 것은?

① 토지의 소재, 지번, 지목, 경계, 면적, 소유자 등을 변경 정리한 경우에 토지소유자를 대신하여 지적소관청이 관할 등기관서에 등기신청을 하는 것을 말한다.

② 신규등록을 제외한 합병, 토지분할, 지번변경은 등기촉탁 대상이다.

③ 토지표시의 변경에 관한 등기를 촉탁한 때에는 토지표시변경등기촉탁대장에 그 내용을 적어야 한다.

④ 지적소관청의 등기촉탁은 국가가 국가를 위하여 하는 등기로 본다.

⑤ 지적공부에 등록된 토지가 지형의 변화 등으로 바다가 되어 원상회복할 수 없거나 다른 지목의 토지로 될 가능성이 없어 지적공부의 등록을 말소한 경우에도 등기촉탁사유가 된다.

> Answer ⓔ 신규등록 / 34 ①

---

05 지적측량

1. 지적측량의 의의와 종류

① 지적측량은 크게 기초측량과 세부측량으로 나눌 수 있다. (○)

② 합병과 지목변경은 지적측량을 요하지 아니한다. (○)

③ 경계복원측량과 지적현황측량은 검사를 요하지 아니한다. (○)

④ 지상건축물 등의 현황을 지적도 및 임야도에 등록된 경계와 대비하여 표시하는 지적측량을 지적현황측량이라 한다. (○) − 지형도에 표시하는 경우 (×)

⑤ 지적재조사측량과 검사측량은 소유자가 지적측량수행자에게 의뢰하여야 한다. (×)

⑥ 지적확정측량 및 지적재조사측량도 지적측량에 포함한다. (○)

확인문제

35 지적측량수행자가 실시한 측량 중 지적소관청에게 측량성과에 대한 검사를 받지 않아도 되는 것은?

① 축척변경측량
② 신규등록측량
③ 경계복원측량
④ 등록전환측량
⑤ 분할측량

36 공간정보의 구축 및 관리 등에 관한 법령상 토지소유자 등 이해관계인이 지적측량수행자에게 지적측량을 의뢰할 수 없는 경우는?

① 바다가 된 토지의 등록을 말소하는 경우로서 지적측량을 할 필요가 있는 경우
② 토지를 등록전환하는 경우로서 지적측량을 할 필요가 있는 경우
③ 지적공부의 등록사항을 정정하는 경우로서 지적측량을 할 필요가 있는 경우
④ 도시개발사업 등의 시행지역에서 토지의 이동이 있는 경우로서 지적측량을 할 필요가 있는 경우
⑤ 「지적재조사에 관한 특별법」에 따른 지적재조사사업에 따라 토지의 이동이 있는 경우로서 지적측량을 할 필요가 있는 경우

2. 측량 절차

① 검사측량과 지적재조사측량을 제외한 지적측량을 의뢰하고자 하는 자는 지적측량의뢰서에 의뢰사유를 증명하는 서류를 첨부하여 <u>지적측량수행자에게</u> 제출하여야 한다. (○)
② 지적측량수행자가 지적측량의뢰를 받은 때에는 측량기간, 측량일자 및 측량수수료 등을 적은 지적측량 수행계획서를 그 다음 날까지 시·도지사에게 제출하여야 한다. (×)

🏠 측량기간과 검사기간

구 분	측량기간	검사기간
동지역, 읍·면지역	(ⓐ)일	(ⓑ)일
협의 또는 계약	협의기간의 (ⓒ)	협의기간의 (ⓓ)
지적측량기준점설치	15점 이하는 4일, 15점 초과는 4점 증가시마다 4일에 1일씩 가산	

측량의뢰인과 지적측량수행자가 서로 합의하여 토지의 분할을 위한 측량기간과 측량검사기간을 합쳐 20일로 정하였다면(지적기준점의 설치가 필요 없는 지역) 이 경우 검사기간은 5일이다. (○)

Answer | 35 ③ 36 ⑤ / ⓐ 5 ⓑ 4 ⓒ 3/4 ⓓ 1/4

37 지적법령상 지적측량 의뢰 등에 관한 설명으로 옳은 것은?

① 지적측량을 의뢰하려는 자는 지적측량 의뢰서에 의뢰 사유를 증명하는 서류를 첨부하여 지적소관청에 제출하여야 한다.

② 지적소관청이 지적측량 의뢰를 받은 때에는 측량기간, 측량일자 및 측량 수수료 등을 적은 지적측량 수행계획서를 그 다음 날까지 지적측량수행자에게 제출하여야 한다.

③ 지적측량의뢰인과 지적측량수행자가 서로 합의하여 따로 기간을 정하는 경우에는 그 기간에 따르되, 전체기간의 5분의 3은 측량기간으로, 전체기간의 5분의 2는 측량검사기간으로 본다.

④ 지적기준점을 설치하지 않고 측량 또는 측량검사를 하는 경우 지적측량의 측량기간은 5일, 측량검사기간은 4일을 원칙으로 한다.

⑤ 지적삼각보조점성과 및 지적도근점성과를 열람하거나 등본을 발급받으려는 자는 지적측량수행자에게 신청하여야 한다.

> Answer　37 ④

3. 지적기준점

구 분	측량 '성과'의 보존 관리	측량성과의 '열람 신청'	설치 변경시 통보	지적기준점표지
지적삼각점	시·도지사	시·도지사 또는 지적소관청에게	지적소관청 ⇨ 시·도지사	지적소관청은 연 1회 이상 지적기준점 '표지' 이상 유무 조사
지적삼각보조점	지적소관청	지적소관청에게	×	
지적도근점	지적소관청	지적소관청에게	×	

① 지적기준점성과 또는 그 측량부를 열람하거나 등본을 교부받고자 하는 자는 지적삼각점성과는 시·도지사 또는 지적소관청에게, 지적삼각보조점 및 지적도근점성과에 대하여는 지적소관청에 신청하여야 한다. (○)

② 지적소관청이 지적도근점을 설치하거나 변경한 때에는 그 측량성과를 시·도지사에게 통보하여야 한다. (×)

③ 지적기준점성과의 열람 및 등본 발급 신청을 받은 지적측량수행자는 이를 열람하게 하거나 등본을 발급하여야 한다. (×)

38 공간정보의 구축 및 관리 등에 관한 법령상 지적기준점성과와 지적기준점성과의 열람 및 등본 발급 신청기관의 연결이 옳은 것은?

① 지적삼각점성과 − 시·도지사 또는 지적소관청
② 지적삼각보조점성과 − 시·도지사 또는 지적소관청
③ 지적삼각보조점성과 − 지적소관청 또는 한국국토정보공사
④ 지적도근점성과 − 시·도지사 또는 한국국토정보공사
⑤ 지적도근점성과 − 지적소관청 또는 한국국토정보공사

Answer **38** ①

4. 지적위원회와 지적측량적부심사

① **지적측량적부 심사청구**(서): 시·도지사를 거쳐 지방지적위원회에
② **지적측량적부 재심사청구**(서): 국토교통부장관을 거쳐 중앙지적위원회에

> **시행령 제24조【지적측량의 적부심사 청구 등】** ① 법 제29조 제1항에 따라 지적측량 적부심사(適否審査)를 청구하려는 자는 심사청구서에 다음 각 호의 구분에 따른 서류를 첨부하여 특별시장·광역시장·특별자치시장·도지사 또는 특별자치도지사(이하 "시·도지사"라 한다)를 거쳐 지방지적위원회에 제출하여야 한다.
> 1. 토지소유자 또는 이해관계인: 지적측량을 의뢰하여 발급받은 지적측량성과
> 2. 지적측량수행자(지적측량수행자 소속 지적기술자가 청구하는 경우만 해당한다): 직접 실시한 지적측량성과

㉠ 위원장이 중앙지적위원회의 회의를 소집할 때에는 회의 일시·장소 및 심의 안건을 회의 7일 전까지 각 위원에게 서면으로 통지하여야 한다. (×)

㉡ 위원이 중앙지적위원회에서 해당 안건에 대하여 현지조사 결과를 보고받거나 관계인의 의견을 들은 경우는 중앙지적위원회의 심의·의결에서 제척된다. (×)

		지체없이	심사의결서
지적측량적부<u>심사</u> 청구 → 시·도지사	↪	지방지적위원회	
	조사(30일)	심의의결(60일)	
		(+1차에 한해 의결로서 30일까지 연장)	

		지체없이	심사의결서
지적측량적부<u>재심사</u> 청구 → 국토부장관	↪	중앙지적위원회	
	조사(30일)	심의의결(60일)	
		(+1차에 한해 의결로서 30일까지 연장)	

▶ 지적위원회 구성 및 심의 의결 사항

위원장 － 지적담당국장, 부위원장 － 지적담당과장

간사 － 지적담당공무원 중 국토교통부장관이 임명

위원 － 국토교통부장관이 위촉(학식과 경험이 풍부한 자)

중앙지적위원회 심의 의결사항 － 재심사, 정책개발, 기술연구개발, 기술자양성, 징계

지방지적위원회 심의 의결사항 － 심사

확인문제

39 공간정보의 구축 및 관리 등에 관한 법령상 지적측량의 적부심사 등에 관한 설명으로 옳은 것은?

① 지적측량 적부심사청구를 받은 지적소관청은 30일 이내에 다툼이 되는 지적측량의 경위 및 그 성과, 해당 토지에 대한 토지이동 및 소유권 변동 연혁, 해당 토지 주변의 측량기준점, 경계, 주요 구조물 등 현황 실측도를 조사하여 지방지적위원회에 회부하여야 한다.

② 지적측량 적부심사청구를 회부받은 지방지적위원회는 부득이한 경우가 아닌 경우 그 심사청구를 회부받은 날부터 90일 이내에 심의·의결하여야 한다.

③ 지방지적위원회는 부득이한 경우에 심의기간을 해당 지적위원회의 의결을 거쳐 60일 이내에서 한 번만 연장할 수 있다.

④ 시·도지사는 지방지적위원회의 지적측량 적부심사 의결서를 받은 날부터 7일 이내에 지적측량 적부심사 청구인 및 이해관계인에게 그 의결서를 통지하여야 한다.

⑤ 의결서를 받은 자가 지방지적위원회의 의결에 불복하는 경우에는 그 의결서를 받은 날부터 90일 이내에 시·도지사를 거쳐 중앙지적위원회에 재심사를 청구할 수 있다.

Answer   39 ④

40 공간정보의 구축 및 관리 등에 관한 법령상 지적위원회 등에 관한 설명으로 옳은 것은?

2025

① 지적측량성과에 대하여 다툼이 있는 경우 토지소유자, 이해관계인 또는 지적측량수행자는 관할 시·도지사를 거쳐 중앙지적위원회에 지적측량 적부심사를 청구할 수 있다.

② 중앙지적위원회는 지적재조사 기본계획의 수립 및 변경에 관한 사항을 심의·의결한다.

③ 중앙지적위원회의 위원장이 회의를 소집할 때에는 회의 일시·장소 및 심의 안건을 회의 7일 전까지 각 위원에게 서면으로 통지하여야 한다.

④ 중앙지적위원회가 현지조사를 위해 필요할 때에는 지적측량수행자에게 그 소속 측량기술자 중 지적기술자를 참여시키도록 요청할 수 있다.

⑤ 중앙지적위원회로부터 의결서를 받은 국토교통부장관은 그 의결서를 지적소관청에 송부하여야 한다.

Answer 40 ④

MEMO

제37회 공인중개사 시험대비 **전면개정**

2026 박문각 공인중개사
김병렬 부동산공시법령 열공시의 비밀노트

초판인쇄 | 2026. 3. 25. **초판발행** | 2026. 3. 30. **편저** | 김병렬 편저
발행인 | 박 용 **발행처** | (주)박문각출판 **등록** | 2015년 4월 29일 제2019-000137호
주소 | 06654 서울시 서초구 효령로 283 서경빌딩 4층 **팩스** | (02)584-2927
전화 | 교재 주문 (02)6466-7202, 동영상문의 (02)6466-7201

저자와의
협의하에
인지생략

정가 14,000원

ISBN 979-11-7519-951-4

전면개정 제37회 공인중개사 시험대비 동영상강의 www.pmg.co.kr

김병렬 부동산공시법령

열공시의 비밀노트
지적법

김병렬 편저

박문각 공인중개사